JN226216

ダルク

回復する依存者たち

その実践と多様な回復支援

ダルク 編

明石書店

はじめに

まず、本書の詳しい説明に入る前に、著者である私たちについて触れねばなるまい。私たちは、何年か前からそれぞれのダルクの課題や情報を共有するために任意で集まりを持つようになった。その構成メンバーは全国に散らばっており、みんなが集まりやすい場所ということで、第一回の集まりを東京駅の付近で行うことにした。以来、その利便性から八重洲で集まりを継続している。そして、いつからか自分たちの集まりのことを「ダルク八重洲倶楽部」と呼ぶようになった。

私たちの集まりでは、互いの利害に影響されず、忌憚なく意見を交換してきた。現場での課題・運営・関係機関との連携・将来への展望など、本当にたくさんのことを語り合ってきた。そして、これを多くの人たちと共有したいと考え、全国5か所（大阪・北九州・札幌・仙台・東京）にてセミナーを行った。本書はそのまとめでもある。

すでにご承知のとおり、「ダルク」は30年以上の経験を持つ、日本でも稀な当事者活動である。しかし、その具体的な活動内容については、実はあまり知られていないようにも思う。というのも、全国のダルクはそれぞれが独立した団体であり、その活動の価値観と方法論は実に多様だからである。今までダルクについて書かれたものは、創始者である近藤恒夫によるものか、各地の代表者たちによる、それぞれのダルクに関する記述だろう。

この点において、今回私たちは大きなチャレンジを行ったと思う。それは「分担」である。全国のダルク代表者たちが、ひとつの大きなテーマを分担して語るというのは、今までなかったチャレンジである。この過程において、私たちはどれだけ議論をしたことだろう。時にはまったく異なる意見がぶつかり合うこともあった。だが、その議論の中で私たちはお互いの信頼を獲得していったように思う。そして、この「信頼」こそが、本書の完成のキーワードだったように思う。

本書は基本的に三部構成になっている。第1部は「回復」に関すること、第2部は「実践」、第3部は「連携」についての記述である。

第1部はダルクの第二世代が担当した。あたり前に使われつつも、明確ではない「回復」というキーワードについて、様々な角度から検証するようにした。本書の最初を飾るのは、長崎ダルクの中川賀雅である。中川は、「これからの回復支援」と題して、自らの経験を中心に「回復」の前提を提示する。それは、薬物をやめること以上にもっと大切なこと、それは「生きること」である。

次に、木津川ダルクの加藤武士が「回復とは」という大きなテーマで、自らの経験に基づいた考察を展開している。単に薬物使用の中断に留まらず、広い意味での「全人間的な回復」について言及し、依存症からの回復を総論的に述べている。

三重ダルクの市川岳仁は、「回復の主体性」について考察した。ダルクの広がりの背景にあるエネルギーとその重要性について、昨今の趨勢も交えながら、当事者の主体性の観点から体験談を用いて述べている。

東京ダルクの幸田実は、「回復の役割」について述べている。障害者総合支援法における施設運営はダルクに決定的な変化をもたらした。「支援する側」と「支援される側」の二層構造がもたらす問題点とは何か。草創期から発展期のダルクが持っていた「あいまいさ」の重要性を語る。

仙台ダルクの飯室勉は、「回復の独立性」について述べた。全国のダルクはそれぞれが独立した団体であり、本部・支部的な支配的上下関係はない。このことはダルクの発展上大きな役割を果たしたが、それは必ずしもメリットだけではない。飯室は、そこにある危険性についても指摘する。

以上が第1部である。これらを読み終える頃には、私たちのいう「回復」というものがどのようなものであるか、理解していただけているのではないかと思う。

第2部は「実践」の記述である。主にダルクの第三世代が引き受けた。ここでは、回復の諸段階における支援の実際を「回復初期」「～社会復帰」「運営」の三つに分けて、三人のダルク代表により分担して述べられている。これにより、実際のダルクでの取り組みがよくわかるのではないだろうか。

藤岡ダルクの山本大は、「初期施設でのプログラム」と題し、断薬期に必要なこと、アセスメントから回復プログラムについて、藤岡ダルクでの実践をベースに、その内容と理由を詳細に述べている。栃木ダルクの栗坪千明は、「リハビリテーション」をテーマに、社会復帰までの課程について、栃木モデルを例にわかりやすく解説している。

山梨ダルクの佐々木広は、「運営とモラル」について論じた。これは大変なテーマだったと思うが、私たちすべての代表が抱える運営の苦労と、そこにある喜び、そして気をつけなければならない課題が明らかにされている。

この第2部を読まれた方は、抽象的な「回復」ではなく、より現実的なダルクの実践を知ることになるだろう。

第3部は「連携」の記述である。今日全国のダルクは、医療・司法・福祉の分野と緊密な連携を取りながら活動している。この部では、特徴的な取り組みを行っている三か所のダルク代表が「連携」について報告し、そこにある課題についても述べている。

北海道ダルクの森亨は、北海道内における刑務所との連携について報告している。刑の一部執行猶予制度が施行され、今後ますます司法行政との連携が予想される中、現在の設定に疑問を投げかけ、新しい方法を提案する。

千葉ダルクの白川雄一郎は、千葉県内における複数の医療機関との連携を報告する。医療機関には何ができて、何が苦手なのか。クライアントの特性により、医療機関を選ぶことにも言及している。

三重ダルクの市川岳仁は、「地域福祉との連携」と題し、薬物依存者の抱える重複障害について事例を踏まえて詳しく説明し、その多様な支援のあり方について述べている。また、ダルクのサポートと福祉的支援は何が違うのか。鋭く指摘する。

以上が第3部の概要である。この三つの章を読んでいただくことにより、今日のダルクが単に薬物依存の自助コミュニティとしてではなく、それをはるかに超えた取り組みを行っていることを理解していただけるだろう。

そして最後に、これらの各報告を踏まえ、私たちは「共通の理念」について言及することにした。クライアントとの関係性、社会との関係性、運営モラル、スタッフ教育など、ダルクの活動を続けていく上での避けては通れない課題について、私たちが何年もの間議論してきた事柄について、「理念」という形でまとめたいと思う。

１９８０年代、まだ日本の社会が薬物依存問題に無関心で不寛容だった頃、何人かの当事者が自分たちのための「場」を作った。それはＤＡＲＣ（ダルク）と呼ばれ、多くの回復者と可能性を社会に還元していった。ダルクは私たちのふるさとであり、原点である。そして、このすばらしい「場」が、次の時代も続いてくれることを心から願っている。そのためには、私たちが作り上げてきた資産と負債をもう一度見直し、良いものは良いものとして再認識し、改めるべきは改めていく必要がある。それが、「これからの回復支援」というテーマを掲げた私たちの真の願いであり、メッセージである。

最後に、埼玉県立精神医療センターの成瀬暢也先生に寄稿をお願いした。寄稿をお願いするのは成瀬先生以外に思い浮かばなかった。というのも、なんと、成瀬先生は、私たちの全国セミナーをすべて（北は北海道から南は九州まで！）聴きにきてくださったのである。毎回二日間に渡るセミナーをすべてである。俗に言う「３分間診療」とはかけ離れた、多忙なお医者さんにあるまじき行為である（笑）。もはや、「仲間」と呼んでいい。成瀬先生には、お忙しい中、無茶なお願いを快く受け入れてくださったことに、この場を借りて深く感謝申し上げる。なにせ、多忙な先生に原稿の期限を厳しく提示しておきながら、私たち自身はなかなか原稿が書き上げられなかったのだから。先生にはどうか、こんな私たちとこれからも一緒に歩いていってくださることを願ってやまない。

＊謝辞：この本を出版するに当たっては、上智大学グリーフケア研究所の葛西賢太先生に並々ならぬご尽力をいただいた。深く感謝申し上げる。また、明石書店の神野斉編集部部長には、出版の企画から脱稿に至るまで、ご迷惑をおかけしっぱなしであった。経験のない私たちをここまで導いてくださり、本当に感謝に堪えない。私たちの本を明石書店から出すことができ、本当に嬉しく思っている。

そして、最後にロイさん。近藤さんとともにダルクを作ってくれてありがとう。この本を一番に手渡したいのは、ロイさんだったかも知れない。

ダルク　回復する依存者たち

――その実践と多様な回復支援

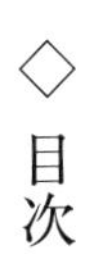

目次

第2部 実践

第3部　連　携

■本書を理解するためのキーワード

・**Alcoholics Anonymous**：ＡＡ（アルコホーリクス・アノニマス）：１９３５年にアメリカ合衆国でビル・ウィルソンとボブ・スミス（Dr. ボブ）の出会いから始まり、世界に広がった飲酒問題を解決したいと願う相互回復支援グループ。直訳すると「匿名のアルコール依存症者たち」の意味である。略してＡＡと呼ばれている。

・**12ステップ**：依存（嗜癖）からの回復における取り組むべき指針となる生き方のプログラム。ＡＡメンバーによって明文化され、回復の指標とされている。

・**ハイヤーパワー**：12ステップ・プログラムの中で、自分自身よりも偉大だと認められる高次な「力」。その理解は各個人に委ねられている。

・**Narcotics Anonymous**：ＮＡ（ナルコティクス・アノニマス）：１９５０年代半ばにＡＡから派生して生まれた薬物問題を抱えた仲間同士が薬物問題を解決したいと願う相互回復支援グループ。アノニマスとは「無名」「匿名」を表す。略してＮＡと呼ばれている。

・**SMARPP**：スマープ、Serigaya Methamphetamine Relapse Prevention Program：せりがや覚せい剤依存再発防止プログラム。

・**R１**：刑務所内で行われる薬物離脱指導。

第1部

回復

第1章 これからの回復支援
――ダルクの向かう未来

中川　賀雅（長崎ダルク）

1　My story

4×5センチほどのビニールパケの残りカスをしゃぶり舐めながら、ヨレた頭で3日間も時間が過ぎ去っていることに、テレビのスイッチを入れて気が付いた1月17日の朝。ボケきった頭でも理解できたことは、アナウンサーの尋常じゃない緊張感だった。クスリの切れ目の症状でけだるさと空腹感をとりあえずどうにかしようと近くのコンビニエンスストアーまで出かけ、サンドイッチとおにぎり、そして必ず買うものはビタミンたっぷりの飲料水〈ビタミンパーラー〉だ。

1995年1月17日午前5時46分、兵庫県大規地震災害「阪神・淡路大震災」が発生したその日、僕は九州の福岡県にいた。時間が経つごとに具体的になっていく悲惨な状況は次々と映像化され、どのチャンネルをつけてもその報道を流していた。僕は買い込んできた食料を食しているうちに意識が遠くなりやがて寝込んでしまう。12時間近く寝込んだ目覚めは最悪だ。ガンガンと響く頭痛とガチガチの肩こりをしずめたくて、鎮痛剤を口に入れ水道水をがぶ飲みした。つけっ放しのテレビから流れる悲惨な震災の状況の報道を見ながら、こう思う。「もし今、神戸の街に行けば、僕は呪われたクスリ漬けの日々から解放されるかもしれない」。本当に自分勝手で幼稚な考えだった。

「2時間後いつものセブンイレブンでいい？」

いつもと変わらない甲高い売人の声。どちらかといえば時間にはルーズな私が、まるで最愛の恋人と待ち合わせをするかのようにルンルンと身支度をする。シャワーを浴び、髭をそり、髪を整え、入念に歯磨きをした。待ち合わせのセブンイレブンまでは車で20分もかからない。約束までの２時間はクスリを欲する僕にとって、やたらと長く感じた。最愛の恋人との待ち合わせ場所には早めに着いてしまう。いつものバイパス沿いのセブンイレブン。飲料水コーナーの扉を開き、ミネラルウォーターとビタミンパーラーをつかみ取ってスマートにレジ精算を済ませる。目立たないように駐車スペースに車を停めた車中で売人を待った。コンコンと助手席の窓ガラスをノックする売人。助手席のドアが開き、酒臭い甲高い声がすっと乗り込んできた。

「あんまり、やりすぎちゃいかんよ」。微笑みを浮かべながら私の右手の中に小さなビニールパケを送り込んだ。彼は小さく折り畳んだ一万円札を僕の指先からスッと抜き取ると、すぐさま車内から出て行った。僕もアクセル踏んで何件か先の大きなガソリンスタンドに入る。給油器を避け、事務所横のスペースに車を止めると急いでトイレに駆け込む。清潔とは言えないガソリンスタンドの和式トイレ。網入りの窓ガラスはひび割れており、小さな換気扇がカラカラ鳴っていた。ジャンパーの内ポケットからミネラルウォーターを取り出し、キャップを開けて水洗タンクの上に青色のボトルキャップをおく。プラスチックの小さなキャップにそっと水を注ぎ、ジャンパーの内ポケットからティッシュペーパーに巻いた小さなインスリン注射器と爪楊枝を出す。ほんの何分か前に手に入れたビニールパケの中にはキラキラと輝く結晶。

僕は氷飴を砕いたような結晶の粒を一つ一つ爪楊枝を使い、丁寧に注射器の中におくりこんだ。映画やドラマで見たことのあるジャンキーのように、指先は小刻みに震えてくる。震える指先のせいで大切な米粒大のキラキラした結晶が注射器の入り口からこぼれ落ち、不潔な和式便器の縁を弾いた。

「あっ‼」幸運なことに結晶は便器内に落ちることはなく、薄汚れたタイル目地の上に留まった。ホッとした私は人差し指を軽く舐め上げ、おそらく大腸菌温床であるだろう便器の横のタイル目地に光る結晶を急いですくい上げ、何事もなかったように注射器の中に落とした。

注射器のくすんだ赤キャップを外し、青色のプラスチック蓋に注いだ水をポンプで吸い上げる。注射器の中では結晶が溶け出し、少量の水が窓から入る光を通してドロドロと渦を巻いている。何度も見ている光景なのだが、私はその妖異な液体に釘付けになる。注射器を口にくわえ、ペイズリー柄のフランネルの左手の袖をまくり、硬くなった血管を何度か叩いていくらか浮きだたせたところに使い込んだ針を刺しこんだ。逆流する血液に目を奪われながら注射器のポンプを押し込むと、ゆらゆらと揺れる妖異な液体の渦は一瞬で身体中に溶け込んでいく。

ぞわぞわ、ググッ。私はいつもその瞬間だけを求めていた。僕は福岡県のとある街の出身だ。世界的に有名な大きなタイヤ工場があり、僕の校区にはその会社の社員団地がいくつも林立していた。クラスの三分の一はタイヤ会社社員の子供たちで、年度の終わりと始まりには決まって二人三人の転校転入の児童が当たり前だった。町を特徴づける有名なものといえばその工場と医学部のある大学ぐらいで、他に何か突出したものがあるわけでもなく、平凡な街というのがこれほど似合う町もないだろうと思う。それでも80年代に暴力団の抗争事件で治安が心配されたことがある。平和な街というのではなく、そこそこ善良な人々や、そこそこ大変そうな人もみんなが一緒に暮らす平凡すぎる街。ぼくはそんな風に感じていた。

そんな街の片隅で、僕は生まれ育った。僕の家は父と母と弟の四人家族。両親は共に夜の飲食店を営んでいた。80年代は景気も右肩上がりで両親が営んでいたお店は繁盛し、父はさらに大きなお店をオープンさせた。家は繁華街からちょっと離れた住宅地にあるにある鉄筋３階建アパートの３階にある１ＤＫ。狭い自宅だったが、両親のお店で働く従業員の女性たち、フィリピン人のダンサーやミュージシャンがいつも出入りしていてそんな賑やかな時間は嫌いではなかった。

母は二十代前半に父に騙されて結婚したらしい。貧乏に育った母は、仕事先で知り合った父に洒落た洋食店に連れて行かれたものだから随分景気のいい男だと勘違いをして一緒になってみたら大変な男だったと、聞いてもないのによく聞かされた。とにかく母は父のことが嫌いだったようだ。子供ながらに感じていたことなのだが、母は父のことを心底怖がっていたようだった。

自宅から小学校までは歩いて15分。両親の職場までは歩いて10分ほど。平凡な街の真ん中に小さな歓楽街がある。その町で、そこだけに密集してネオンが輝いていた。スナック、クラブ、キャバレー、ストリップとネオンがキラキラする街を大人たちが毎晩楽しそうに徘徊している様子を見ると、僕はいつもなんだかワクワクしてきて本当にうらやましいと思っていた。何度か父に連れられていったナイトクラブで派手なお姉さんたちから「マスターの子供なの？　可愛いねぇ」なんて言われながら頭をグリグリと撫でられ、大人気分の僕は調子に乗ってジンジャーエールを何本も空けたものだ。

毎日がお祭りのようで、本当に大人はいいよなぁと僕は心底憧れていたものだ。最後にその店に行ってから数か月経った頃、父の友人であったこのナイトクラブのオーナーが「街中で斬殺され？　死亡した」とニュースで流れた。

家族が揃うと必ず緊張感が増した。父と母が、日常的な会話をしているところを見たことがない。二人はいつも仕事やお金の話ばかりしていた。何度か母が殴られて怒鳴りつけられる場面に遭遇し、そのたびに兄弟で怯えていた記憶がある。幼い頃からの日常では、うちが特別なんだという意識も薄く、日常的な怒鳴り声や暴力があっても、そのことを自分の寂しさや孤独感に繋げることはなかった。賑やかで華やかで刺激的で自由でいる大人の世界に憧れていたので、僕は早く大人になりたいと、いつもいつも思っていた。

「ジュリーが死んだ」。お店でバーテンダーをしているお兄さん。優しくて当時人気だった沢田研二に似ていたので皆がジュリーと呼んでいた。九州では珍しく雪の積もる夜に出勤してこない彼を心配した父が自宅を訪ねたら柱にぶら下がっていたらしい。自殺だった。

10歳の僕は本当にショックだった。この時の大人たちの慌ただしい雰囲気がとても怖かった。この間まで楽しく遊んでくれていたお兄さんが、もういないという現実。男女関係で苦しんでいたジュリーは自ら命をたったと聞かされた。僕は華やかで刺激的な大人の世界に憧れと同時に恐怖を感じ始めた。

「元気で明るくて友達も多く、忘れ物も多い」。僕の通知表に必ず書かれた評価だった。勉強ができるわけでも特別に運動能力が優れていたわけでもなかったが、小学校のクラスで元気で明るい僕は人気者だった。一方、中学に入って間もなく家族の状況はさらに悪化していった。父はあまり家にも帰らなかったし、母はうまくいかない仕事にいつもイライラしていた。母は父の借金の問題から離婚を決心した。もともと父は、家にいたりいなかったりだが、たまにやって来てみんな揃えば緊張感は増してしまう。それが理由で母はイライラがたまり、僕は母によく当たられていたと思っていたので、離婚することに反対や寂しさなんかを感じることは全くなかった。

離婚が成立後、借金の保証人である母は債権者と他の保証人と共に何故だか僕を引き連れて父との話し合いという形で追い込んだ。「あんたには生命保険をかけてあるの。死んでくれないか」。母はしんみりと父を追い込んだ。「ここにいるみんなが困るんだよ」とじんわり訴えた。「責任をとる形で死になさい」。黙ってうつむいている父は「わかったよ」とひとこと言い残し、その場を出て行った。

大人は絶対に人に迷惑をかけてはならない。信頼を裏切ってはならない。借りた金は絶対に返さねばならない。男なら命を投げうってでも責任をとることだ。だから、あんたもよく覚えておきなさい……。

約束の日に父は死ななかった。もともとは夫婦であった私の責任だと母は金策に走り続けた。母のイライラは日に日に減っていったが、代わりに憂鬱な言葉が急激に増えていった。ある日、それまで我慢していたであろう母の涙がぼろぼろと溢れた。「これ以上人様に迷惑はかけられないよ。みんな一緒に死のう」と目の前に大量の錠剤を撒き散らし、母は崩れるように泣いた。僕も弟も何ひとつ言葉が出ない。本当に何にも浮かんでこない。正座して座っていた膝に涙がこぼれ、すすり泣くだけだった。

専門学校をどうにか卒業した僕は、当時人気のあった美容室で働き出した。見習いで10万円を切る給与であったが、美容室の仕事は嫌いではなかった。つきあっていたパートナーと同棲を始め、大きな志ではなかったけれどそのうちに自分たちらしい暮らしを始めていけたらいいと思っていた。パートナーに対しては（自分で言うのも何だが）優しい方だと思っていたのだが、実際には嫉妬深く威圧的で、自分のことばかりを優先していた暮らしぶりだったと今は思う。幼い頃から顔がそっくりだということで、母は僕にとにかく親父みたいには絶対になるなと、強く言っていたのだが、振り返れば本当に僕と父はよく似ていたと思う。休日はパチンコとスロット、公営ギャンブルへとハマりだし、二十歳になった頃には消費者金融の借金の支払いに四苦八苦していたのだった。やる気だけはあった見習いの仕事はすぐに投げ出し、給与のいい営業職とアルバイトを重ね、借金を返済してはまた積み重ね、身の丈に合わない自動車や洋服に金を湯水のように使い、毎日毎日、賑やかな夜を楽しんでいたのだった。

やがて同棲生活も破綻する。別れ話を出されれば僕は涙さえ見せた。「今度こそはちゃんとするよ」。何度目かの口先だけの約束に甚だ嫌気がさしたのだろう彼女は、象のマークのツナギを着た引越しセンターを引き連れ、荷造りした象の段ボールと共に去っていった。

この頃からだ。当時付き合っていた友人の勧めで、酒や大麻、睡眠薬、鎮痛剤、クスリを使い始めたのは。彼女に出て行かれた寂しさを、飲めない酒と（お酒が苦手）睡眠薬で毎日ごまかした。元気と明るさが魅力の僕は、とにかく振られて落ち込んでいる様子をまわりに心配されたくなかったので、前にもまして元気で楽しく見せようとしていた。僕が思っていた生きる強さとは、元気で明るくハイテンション。自分さえ前向きに考えていれば全てはきっとうまくいくはずだ。そんなふうに思っていた。

魔法のクスリに出会ったのはそれから数か月後。友人の勧めで覚せい剤を手にした。友人は半年程前から使っていたらしい。「週に1～2回のペースで」とか言っていた。元気そうでいい奴だった。覚せい剤なんて使っているイメージはその頃はまるでなかった。

僕は本当は怖かったのだけれど、好奇心と「元気になるよ」との誘いに、俄然興味を持った。本当によく効くクスリだった。気持ちよさに感動した気分だ。初めて使ったその瞬間から僕はすぐに虜になってしまった。逃げた女のことも毎月の面倒な支払いも溜まった家賃も、そして行方しれずの父のことも、もうどうでもよくなった。いや、こんな俺が何でもどうにかできちゃう。そんな強い確信みたいなものが湧き出す感じだ。「何をやっても上手くいきそう」。この感じが最高に心地良いのだ。これでやっと思い通りに生きていける。１９９０年、バブルと言われていた時代は終わりの盛り上がりを見せていた。「午前6時よりノータイム。6～18時までご休憩。12時間いても休憩料金なんだよ」。初めて覚せい剤を勧めてきた男は、市内のラブホテルを転々としていた。バッグには大量の覚せい剤と注射器。体からキラキラとした粉が湧き出てきているらしく、何度もシャワーを浴びていた。僕はシャワーと身支度を済ませた男が小分けにしたクスリを渡すのについて回った。「あいつバスの運転手だって。やばいよね」とドレッドの男。「まじ？　やばいやばい！」と僕。何時間もガムを噛み続けて顎が痛い。パンなら食えそうだからと買ってはみたものの、口の中の水分を取られて思うように飲み込めない。僕は体のことなんて気にしてないよと言いながらも、ビタミン入りの飲料水ビタミンパーラーばかりを飲んだ。

覚せい剤を使い出してから、とにかく時間の流れが速い。小学生の頃、授業中に時間を進められる時計があれば指でグルグルに進めてやりたいと思っていたことをふと思い出した。あの頃とは見える風景、時間の感覚、全てがまるで変わった。今の方が抜群に良い。自分らしく生きるなんて考えたことないけど、クスリを使うことに不自由さや罪悪感なんて全く感じていないと思っていた。もちろん誰をも傷つけているわけでもないし。

しかし、そんな日々は徐々に崩れ出していった。家賃が払えず部屋を追い出され、仕事を投げ出した。クスリにハマっていることを先輩たちに疑われて酷く説教されたこともあったが、面倒くさい奴らだとこっちから関係を切った。新婚生活を始めたばかりの幼馴染みに嘘を重ねて金を借りた。そうして次第に関係を持てる人々は減っていき、さらに減り続けた。そんな中、僕を心配してくれる女性ができた。僕らは不思議な関係を築き、僕は彼女に寄生する生活を始めた。日中の外出は極力控え、クスリを使いながら掃除、洗濯、彼女の仕事の送り迎えなど気の利いた態度をとりながら、金を無心した。挙句の果てに彼女にも覚せい剤を勧め、一緒に使い出すようになった。自分の使うクスリのコントロールの効かない男が、彼女の薬物使用をコントロールするという見事な寄生生活の中で、ふとクスリをやめてみようかと思うようになった23歳の誕生日。

持っていた全てのクスリを使い果たし、深夜、コンビニエンスストアーでパック入りの大きな焼酎を購入した。もちろんいつもの飲料水もカゴに入れた。僕は酒が苦手だ。二日酔いどころか飲んでる最中から頭痛や吐き気を催すことがある。友人とか恋人と気分良く飲めたこともあるにはあるが、何分どのタイミングで自分が気分を害し出すのかを気にしながら飲まなくてはいけない飲酒は、とてもじゃないがリラックスできるものではない。

そんな僕が何故焼酎を購入したのかといえば、理由は簡単。覚せい剤の代わりに酒を飲むためである。なみなみとグラス一杯のミネラルウォーターをコップに注ぎ、そのとなりに申し訳程度の焼酎を用意する。気づけとばかりに「えい」と口に放り込み、慌ててミネラルウォーターを口に流し込む。「グハー」と苦い。お口直しにと〈ビタミンパーラー〉を飲む。何度か繰り返すうちに頭はボワンボワンと脈をうちそのまま寝入ってしまった。

朝が来て案の定、ズキズキと痛むこめかみを押さえる。僕はシャワーを浴びながら、「やっぱ、一気にクスリなんてやめられないよねぇ」と自分に言い聞かせた。その途端にグッグッと薬物への渇望が溢れ出して止まらない。濡れた体で受話器を取り上げ、慣れた手つきでプッシュフォンを押す。甲高い声が直ぐに応答した。「2時間後、いつものセブンイレブンでいい?」

2 To recovery

薬物依存症となった自分の末期。毎度似たような状況とパターン化された生活を何周か続けたのち、僕は妄想のためにあちこちにガムテープで目張りした自分の部屋に灯油をまき、自殺を図ろうとした。暗闇の中、メラメラと立ち上る炎にビックリして慌てて濡らしたタオルケットで消火した。被害妄想は酷くなり、耳元で何年も会っていない母の声がした。

「みんな迷惑してるんだよ。責任とって潔く死になさい」。聞こえたセリフはあの時の声だった。身投げしようと屋上に上がり、手すりの上に立ち上がったが、あと一歩が踏み出せなかった。その時の幻聴はとにかく酷く「踏み出せ。飛び込め。楽になるぞ。この小心者！　早く行けよ」と、あざ笑う声、責め立てる罵声が頭に響き渡る。僕は本当に小心者で意気地のない自分を責め、惨めに思って涙した。底を感じた薬物依存者がよく言う、生きることも死ぬこともできなかった、まさにその状況だったのだ。

薬物依存症の末期が皆こんな状況とは限らないが、最もシンプルに伝えるとすれば、こんな状態は不健康だということだ。不健康にも程がある状況だから、まずは精神科に診察に行くことになる。僕の場合、現在につながる大切な出会いの始まりが主治医だった。彼は、そこそこ嘘の薬歴、使用歴を見抜き、に「あなたは薬物依存症だ」と診断した。「治す薬もありませんし。あなたの場合、入院しても退院したらすぐに覚せい剤をやりますよ」と、初対面とは思えない、とても失礼きわまりない言動に僕は「はぁ」などと言いながらも内心はとても憤慨していたのだった。実際には「退院したら」どころか受診したその夜には薬物を使用してしまうのだが……。

診察中は「この野郎、絶対にやめてやる。やめて見せるぞ！」と強い決心を固めたのだけれど、その決心はその場限りだったことになる。診察の最後に一冊の赤い本を渡された。「あなたと同じ病気でそこから回復した人たちが活動をしています。ダルクという団体です。最近、横浜ダルクから回復者数人が福岡に移り住み、九州で活動を始めるようです。彼らはあなたの力となると思いますよ。自分の人生です。クスリを使うのもやめることも、自分で決めることですよ」

当時、不思議に思ったことは、その医者は診察中ただの一回も、「クスリをやめろ。やめるべきだ」とは言わなかったことだ。そんな診察に僕は疑いを感じていたのだけれど、「自分の人生なんだから」と言った言葉は、その後、回復を歩む人生の中で何度も何度も僕に響いた大切な言葉となった。

1995年3月。精神科の診察から数日経った日に、僕は福岡市内にある九州ダルクデイケアセンターに入所することになった。入所を決めた理由はいくつかある。一つは、医師から手渡された本『なぜ私たちはダルクにいるのか』を読み、薬物依存者の体験談に興味を持ったこと（僕はそこまで酷くないけど、どうやってクスリをやめているのだろう?）。二つ目は、世話になっていた彼女がマンションを引き払い実家に戻ってしまったこと（居場所なくなっちゃった）。三つ目は、初めて九州ダルクを相談という形で訪れたとき出会った当時の当事者スタッフが感じの良い人だったこと（クスリをやめさせてくれる施設だと思って構えて行ったが、色々なことが想像とは違い、良い意味で拍子抜けした）。

九州の大都市である福岡市博多区に日本で8番目に誕生した九州ダルクは、カトリック幼稚園が閉鎖されたその一部を間借りした感じで活動をしていた。というより活動しようとしていた。男女合わせて5人の薬物依存者が関東から九州に移り住み、当時の代表者は物件を探して回ったが、地域の住民にダルクの活動は理解してもらえず、困った状況の中、相談したカトリック教会の神父さんから「物件が見つかるまでの間だけ……」という条件で部屋の一部を借り受けたらしい。

初代代表者である、通称スマイルは50歳になったばかりの小柄ながら豪快な感じの男だった。当時はクリーン（薬物を使用していない回復の期間）が確か9年だった。当時は9年間もクスリをやめているなんて、本当にすごいと思った。彼の物語は『なぜ私たちはダルクにいるのか』に綴ってあったので、その人と会えることに僕は興味をもった。とにかく明るく勢いのある人で「いいぞ。いいぞ」と言うのが口癖みたいな人だった。

欲求あるのか？「いいぞ。いいぞ」。苦しいのか？「いいぞ。いいぞ」という感じだ。何がいいのかさっぱりわからないのだけれども、明るく言葉をかけられたら、全然良くはないのだけど、何だかホッとしたものだ。

九州ダルクは活動を始めたばかりで、実質僕が初めての利用者（入寮者）だった。ダルク・プログラムであるグループ・ミーティングを午前中に1時間ほど行い、午後は支援者やメンバーなどから集めた原稿をワープロ専門機で入力したものを切り貼りで編集。家庭用の印刷機なる〈プリントごっこ〉を駆使して作成したロゴをぺたぺた貼り付けて、ダルクのニュースレターの原稿を作った。

その後、福岡市の行政機関である精神保健福祉センターなる所に出かけ、手作り編集したものを印刷機にかけ、折り込み、宛名書き、切手貼りなどをする。本当にゆるりとダラダラ活動をしていた。

当時はパソコンなんてダルクにはなかったしインターネットもまだ存在してもいなかった。とにかくダラダラとした時間はクスリをやめ始める私にはたまらなく退屈で、なんでこんなことやらされているのかと、不思議でならなかった。

「いいぞ。いいぞ」。何日たっても体のだるさ、眠気、やる気のなさは、全くなくならなかった。覚せい剤の離脱は本当に大変だと切に思った。それでも自分一人では数日しかやめられなかったクスリが2か月程とまり、これはすごいと自分事ながら感心した。体調は一向に良くはならないのだが、クリーンであることだけは嬉しかった。

どうにも体が重く、だるい。とにかく喉が乾くという症状は日ごとに酷くなり、ある日夜中に嘔吐した。心配するスタッフがこれから病院に行くぞと引っ張ったが、「明日行きます。寝かせといて下さい」と懇願する僕。しかし薬中（ヤクチュウ）への乱暴な扱いで車に押し込まれ、深夜の救急病院に連れていかれた。診察の結果は酷い高血糖、いわゆる「糖尿病ケトアシドーシス」という状況だった。最悪の場合は死亡する重い症状だった。その日から僕の新たな入院治療が始まった。最近まで使いなれたインスリン注射器を処方された。そして今後、命の続く限り、毎日インスリン注射を行うことが必要になったわけだ。

1型糖尿病（ＩＤＤＭ）。主に自己免疫異常から起こりうる病気で、一生治ることがない病だと聞かされた。生きるためにはインスリン自己注射と規則正しい生活が必要。特にインスリンの副作用による低血糖は深刻な問題なのでシビアなクスリと食事のコントロールが重要になる。治療と教育プログラムを受けるために1か月ほど入院となった。ちょっと前まで、大切に使い続けてきた使い捨てのインスリン用注射器が今は（処方で貰えちゃう）命を続けるための大切な道具となった。「僕は死に至る病を二つ抱えてしまった」。一方はクスリを止め続ける回復。もう一方はクスリをコントロールし、それも自分で注射する治療。どちらも完治はない病気だ。24歳の僕にとって、それはもう「覚せい剤やっていいよ」という良い理由付けにしかならなかった。そういうわけでやっぱり僕は覚せい剤を再使用。再発の始まりだ。大量のオレンジキャップの注射器は退院後、ペン型のインスリンポンプに変わってしまいとても残念だったが、覚せい剤を好きなだけ使用したそのあとでインスリンを大量に打てば死ねると考えた。

結果、救急隊と警察に救助され、再び入院することになった。初めて行ったあの病院だった。毎日が地獄のような日々だった。アルコール依存症病棟。50人程のアル中と云われる人の中に薬物依存の「覚せい剤中毒者」がぽつんと入院。優しく接してくれた人も数人いたが、「なんで犯罪者と一緒に依存症の勉強会に出なきゃならんのだ」と怒っている人もいた。弱り切った心と体で僕がぺたぺた歩くスリッパの音がうるさいと患者からのクレームがナースにあったらしく、僕は音を立てない歩き方を練習させられた。一日に何度も深いため息をつかなければならない胸を押さえられる苦しさは一向におさまらないし、食欲もほとんどない。インスリンを使用しなければならない僕は、いつも高カロリー栄養補助ドリンクを飲んでいた。

食べ物を口にすると、奥底から湧いてくる罪悪感を覚えた。物を食って生き抜く行為が恥ずかしいと思った。今考えるとかなり重症だ。ダルクスタッフとダルクの仲間が病院を訪ねてきた。「また戻ってこい。お前はもうクスリ使えない体じゃん。生きていて本当に良かったよ」。当時はその言葉も、全く心に響かないほど、僕の心は重くこの世とあの世の間をさまよっていた。

数か月後に退院し、ダルクに戻った。１９９５年10月。いつの間にか何人もメンバーが増えていた。朝・昼とダルクミーティングを行い。夜はＮＡへの参加で市内の会場に行く生活。メンバーが使ってきたのは覚せい剤、シンナー、咳止めシロップ、睡眠薬。使ってきたクスリは違っていたし、世代もバラバラ。見た目もバラバラ。何もかもバラバラに感じた。ミーティングでは正直さと心を開くことが大切だと言われていたが、僕の心の重いドアはうまく開くことができなかった。それでもダルクメンバー、仲間と云われる人たちは自分を語り、時にはミーティング中に泣いている人さえいた。僕には不思議だった。何故にそんなに話せるの？　何故にそんなに正直なの？

ミーティングにはいくつかのルール（作法）がある。司会者も他のメンバーも話す内容は自分の話。人が話している最中に質問や批判などで遮ってはならない。できるだけ自分に正直な話をする。自分が話したくないときはパスしてもかまわない。ここで聞いた話は外部に持ち出さない（アノミティ）。議論もしない。ミーティング中は質問もしない。そのとき司会者が出したテーマに沿って話をする。

「薬物を使ってきたこととミーティングと何の関係あるの？」「この具合の悪さをどう乗り越えるの？」「今、クスリの欲求なんてないんだけど？」「なんで笑ってるの？」「パスパス！」「回復って何？」「誰か楽になる方法教えてくれよ」「嗚呼、もう終わりにしたい」……弱っている口調で僕は少しだけ話し始めた。毎日３回のミーティング。毎日毎日の積み重ねが、僕の言葉と聞く耳を少しずつ回復させていった。

その年の12月。弟が死んだ。朝早く「スタッフがヨシを呼んでるよ」と同室の仲間に起こされ、事務所に降りた。女性スタッフのミヤさん「ヨシ。落ち着いて聞いて。今、警察署から電話あって。あなたの弟さん、亡くなった。弟さんいるよね」そんな感じに言われたのだと思う。僕はきついクスリを一気に体に入れたように、ただただ真っ白になって、「だけど。いや。なんで」とかそんな言葉が口から出て、とにかくスタッフと一緒に警察署に確認に行けるのかと聞かれたので「行きます。大丈夫です」と、できる限りのはっきりした声で答えた。

１９９５年12月23日。警察署に向かう車の中ラジオからセリーヌ・ディオンと葉加瀬太郎の曲「TO LOVE YOU MORE」が流れていた。弟は自ら命を絶った。残された手紙の中で彼は恋愛の悩みを抱えていたことがわかった。彼は僕と違ってとても孝行息子だ。幼い頃は甘えん坊で怖がりで、いつも兄の僕について回っていた。その弟も中学の頃から荒れ始めたが、18歳を過ぎた頃には働き出し、一人暮しで自立していた。初めてのボーナスで母にプレゼントを贈ったそうだ。クスリで潰れた兄を見下すこともなく、たぶん気を遣って接してくれたのだと思う。僕なんかよりずっと、しっかり者で前向きで、大人だと感じていた。そんな弟に対し、僕は劣等感みたいなものを持っていた。でも僕は、弟の本当の心の内を知らなかった。彼も苦しんでいたのかもしれない。孤独を感じていたのかもしれない。

「何故、俺じゃなくあいつのほうが死ななきゃならなかったんだ！　俺があのとき先に逝っていたら、少なくともあいつは死ななかったんじゃないのだろうか？」「俺はポンコツの死にぞこないだ！どうしてこうなってしまったんだろう？」……頭に浮かんでくる自分への囚われはミーティングで少しずつ言葉にした。仲間は言ってくれた。「お前は生きてんじゃない。生かされてるんだ。神様が決めたんだよ。生かされてるってことは意味があるんだから」と。微笑みとハグが温かかった。

僕が生かされている意味ってなんだろう?「僕は嘘をついてきました」「何度も友人を裏切った」「盗みも働きました。反省もできますが、同じことの繰り返しです」「どうしようもないクズだと思います。クズがどうして生かされるのですか?」「神様はいるかもしれませんね。ただクズには罰は与えても光はきっと与えられません」「寂しいんだけど、所詮自業自得ってやつじゃないですか」「クスリやめて働いて金を稼いで。回復ってそんなことでしょう?」「……だからどうした?」「人生なんてのは寿命までの行列に並ばされ、つまんねぇから読物に耽り、音楽を聴き、たまの割り込みに腹を立てる。そんなもんじゃあないんですか!」

言葉にすることで、歪んでいる自分に気が付き出す。

――僕は素面では生きづらいんだ――

クスリをやめ続けられない理由A・「好奇心から手を出したクスリは、いつでもやめられると思っていた」。クスリをやめ続けられない理由B・「クスリによって得られる快楽を手放せないから、やめられると思った」

どっちも嘘ではないのだけれど、なにか表面的な感じがした。うまくやめ続けている仲間は「スピリチュアルな回復が必要なんだ」と言っていた。スピリチュアル（霊的）――心とも魂とも取れないこともないが、僕には今ひとつ馴染まない感じがした。

――スピリチュアルってなんだ?――

僕は、雲を摑むとはこのことばかりに、ミーティングや仲間との会話の中で答えを探そうとした。

するとある仲間が「お前がスピリチュアル、スピリチュアルって言ってることが、スピリチュアルな回復かもしれんなぁ」。そのやわらかな言葉と微笑みは、貪欲に回復を願う、つまりは早く良くなりたいと結果を急ぐ僕をとても落ち着かせた。今までどんどん狭くなっていくように感じていた世界が、どこかに向かってふわりと広がっていくような不思議な感覚を感じた。

3 Tries to continue our journey

２０１６年。数年前からの「10人程の各地のダルクの代表と共にミーティングという分かち合いをするから、来ないか?」との誘いに、僕は東京へと向かった。それぞれの問題を抱えながらもダルクの活動を続けている仲間たちに癒された。その分かち合いの中から、私たちの活動を改めてまとめてメッセージしようという話になり、大阪からセミナーを始めた。僕が貰ったテーマは「生き抜くこと」だ。ドキドキしながらトップバッターでマイクを握る。

私はダルクに繋がって22年になります。長崎ダルクを始めて18年。クリーンも回復もいただいて、〈今を生きて〉います。４年目の頃に結婚をし、長女が誕生しました。生まれたばかりのその小さくてふやけた手はやわらかに閉じていました。閉じた小さな手が私の乾いた人差し指をぐっとつかんだ時、かすかな力ではあったが、とても力強く感じたんです。〈この子が生まれ、今を生かされている〉。命とは繋がることなんだ、と彼女に教えてもらった気がしました。

うまく言えないんだけれど、私たちが目指す回復とは、ただクスリをやめることだけじゃないとわかった。もちろん依存者がクスリを使うリスクは大変に大きいのです。私の場合、たまたまと言ったらおかしいのだけれど、ダルクに繋がってからクスリを使わずにこれまで生き延びてこられました。それはとてもありがたいことです。でも当然の結果だとも思っていないんですよ。

「やめた人間が回復者で、うまくやめ続けられない人間は怠惰だ」なんて決め付けるところには、病んだ人に対する優しさや寛容さはないように思います。〈アディクション（依存症）とは病気である〉。

しかし、薬物依存について語られる時に、薬物に対して依存が強いということが、より深い罪であるように語られることがあります。「強い反省と意志が薬物の再使用を防ぐ。再犯を起こさない・起こさせない！」という理屈を言う人がいます。私が感じることですが、回復の過程の中での再使用（リラプス）を受け入れられる〈ダルクというところ〉はとても寛容で柔らかい。そんなふうに思いませんか？　私たちは法律やルールを破る行為を認めているわけではありません。私たちは依存症を病気として見ているだけなのです。再使用するとき、彼らは深い傷を抱えていることが多いと感じます。私たちは深い傷を抱えている人間を孤立させない。共に寄り添い、共に12ステップ（NA）を歩み、フェローシップの中に生きようとします。

ハイヤーパワーへの「信仰」と私たちの居場所さえあれば、私たちは変わり続けることができる。そして生き抜くことができると考えています。うまくいかなくても生き延びていこう。失敗しても、また新たな今日一日を積み重ねよう。回復と人生の面白いところは「自分の想像を超えていく」ところだといつも思います。

私たちが感じ、深く陥ってしまう孤独や寂しさは、処方薬ではうまく乗り越えられないこともあります。回復できる決まった方法なんてないですよね。よく言われることですが、「100人いれば100通りの回復がある」。私が支援者として、やめたいと願う人々と相対する時に、心がけていることがあります。回復の自由度とか回復の創造性と多様性とか。

言葉にするとやけに固いけど、私がその方の回復を決めるのではなく、その方自身が本当の意味での自由さや創造性を手掛かりにしていくこと。別な言い方をするならば、面白おかしいとか、あいまいないいかげんさとか、そんな感覚を手にしながら回復への道をあゆめたらと、私は願っています。

しかしそれは小難しいことでも、理論でもなく、ダルクの中に、私たちの中にはずっと前からあったし、今もあるものではないでしょうか。ある仲間の言葉です。

「少しのユーモアと仲間がいれば、案外うまくいくもんだ」

その言葉は、私たちが生き抜くことに欠かせないもののような気がしています。

第2章 私たちの回復とは

加藤　武士（木津川ダルク）

1　薬物依存者相互援助の歴史

最初に、日本におけるアルコール・薬物依存者による回復の歴史を見てみると、明治20（1887）年には浄土真宗の門徒によって、京都反省会という組織が誕生している。最盛期には5000名を超える会員がいたが、生涯断酒部門、佛事禁酒部門（法事などの佛事の時のみ禁酒）、節酒部門の3部門に分かれ、会員の一体感が損なわれた結果、消滅した。66年余を経過し、昭和28（1953）年に断酒友の会ができたが、これも間もなく消滅することとなり、組織を改め昭和32（1957）年に東京断酒新生会が発足し、現在の断酒会の始まりとなる。断酒会は「アルコールを飲まないで生きていくこと」を目的とするアルコホーリクス・アノニマス＝AA（Alcoholics Anonymous）をモデルに、日米間の文化、思想、宗教観の差によって生じる障害の排除を模索した。その結果、ＡＡの非組織、匿名、献金制の３原則を捨て、組織化、非匿名、会費制によって運営するなど、ＡＡを手本としながらも国民性に適合した「日本的な断酒会」への性格づけが行われた。「ハイヤーパワー」「スピリチュアリティ」などの概念も使われなくなった。

日本のＡＡは断酒会に20年ほど遅れて、昭和50（１９７５）年に始まったが、断酒会ほどの広がりと活動にはなっていない。

薬物依存者の活動は昭和56（１９８１）年にナルコティクス・アノニマス＝ＮＡ（Narcotics Anonymous）が東京で始まり、昭和60（１９８５）年にダルク（ＤＡＲＣ）が設立された。日本の薬物依存者回復の歴史は35年あまりしかなく、欧米の歴史に比べると経験も浅く乏しい。現在、ＮＡは全国で２１０グループが週５４３ミーティングを開催。毎日70か所あまりの会場で薬物依存者が集まり、回復を分かち合っている。メンバー数は１０００名程度[1]。

２　ダルクの特徴とは

現在、ダルクは全国で60程度の運営母体が90施設を運営している。ダルクは一般的な組織にみられるピラミッド構造と異なり、それぞれが独立してフラットな連携を持つグループである。ダルクで回復した薬物依存者が、新たな支援者とともに各地でダルクを立ち上げてきた。運営方針や活動内容はそれぞれで取り決め、施設の規模や形態、プログラム等も各々で違っている。各ダルクがそれぞれの地域で、毎日グループ・ミーティングを基本に行い、薬物依存から回復したいと望む仲間の集まる場所となっている。ダルクの目的は、薬物をやめたい仲間の手助けをすることだけである。「どんな薬物依存者でも、プログラムに従って徹底的にやれば必ず回復できる」という希望のメッセージを伝える、という共通のシンプルなテーマを持ち、対等な関係を保ち、決して独断的にならず、カルト化することもなく、それぞれが自由に活動をすることで、結果的に多様性と柔軟性を生み出している。

無用な論争に巻き込まれることなく、回復というテーマに集中し、分裂や対立を起こすこともなかった。どこかのダルクでトラブルがあると、ダルク創設者の近藤恒夫が解決のために対応することもあるが、あくまで提案であり、近藤の支配下で動くということはない。

ダルクが誕生した頃は、支援の多くをカトリック教会関係から受けていた。しかし、ダルクが増えていくにつれ、カトリック教会の支援に頼ってばかりもいられなくなった。より多くの支援が必要となり、ダルクフォーラムや講演会、連続講座等、あらゆるところでメッセージを伝えて支援を求めてきた。そのメッセージはじわじわと伝わり、支援も広がった結果、ダルクが誕生した最初の10年間では10か所もできなかったが、後の10年で25か所も設立された。ここ数年は毎年３、４か所の新しいダルクか、もしくは関連施設が誕生している。

回復のプログラムは隔離された場所で行うより、地域社会の中で取り組むことが重要である。日常生活において、さまざまな困難を乗り越える道案内をするためであり、そうすることで、早く社会に受け入れられる有用な一員として歩むことができる。

ダルクでの回復率を指摘されることがあるが、誰もが利用できることが一番大切なことであり、回復率は大した問題ではないと私たちは考える。敷居が低く、間口の広いのがダルクの良さである。

　通常、ダルクは薬物依存回復当事者のみで運営している。いわゆる専門家といわれる精神科医や看護師、精神保健福祉士などのスタッフは基本的にいなかった。当事者活動における意義と成果を理解してくださった支援者たちが一線を踏み越えることなく、当事者活動としてのダルクは守られてきた。これは当事者活動の主導的な立場であるＮＡ（Narcotics Anonymous：薬物依存者相互援助グループ）に参加することをダルクプログラムの重要な部分として位置づけていたためである。「ダルク」という施設は場であり内容はＮＡプログラムが行われていると言っても過言ではない。「ダルク」の役目は、薬物を必要としない生き方の基礎づくりと、ＮＡへの参加を定着させることであり、それができれば目的はほぼ達成する。それ以上に「ダルク」のミッションは特になかった。かといって何か新しいことをやってはいけないということもないのである。シンプルであり、また自由であるのが「ダルク」なのである。今では、精神保健福祉士などの資格を持った回復者スタッフも少なくない。

　ダルクは薬物をやめたいと願う仲間が集まる場所であり、その手助けをする場所である。スタッフと利用者との関係は、支援する者と支援される者との一方向的な関係ではない。ダルクに集う者として回復経験豊かな者がスタッフとなっているだけで、今日初めてやってきた薬物依存者にもできる手助けはある。ダルクでは回復に向けた一体感や回復という雰囲気を保つことを大切にしている。それは、コーヒーカップを洗うことに始まり、食事を作ることやパソコンを使っての事務や作業など、助け合いながらしらふで生きるための共同作業である。最も大切にしていることは、自分自身の体験から得た経験、薬物をやめ続けようとするモチベーション、将来への希望を分かち合う1時間程度のミーティングである。多くのダルクが午前に一回、午後に一回、夜間に地域で行われているＮＡのミーティングへの参加を基本的なプログラムとしている。

３　回復の４つの側面

世間では、単純に薬物を使っていないことが成功であり、長期間の断薬で回復と考える人が多いが、長期間使っていなければ回復したというものではない。回復は一生続くものであり、今日だけ薬物を使わず依存と向き合いながら生きることがより重要なことであり、回復の過程での再使用は、単なる失敗というわけではなく、そこから学びさらなる回復のチャンスとなればよいのである。私たちには、少しずつ悪化した社会的、身体的、精神的、霊的（スピリチュアル）な部分の回復が必要なのだ。

その回復において、身体的回復については、痩せこけた身体からふっくらした体形になり顔色も良くなったことは、誰もが最初に気づく回復の部分である。また、社会復帰と言われるように仕事に就くことなどもわかりやすい回復の一部分だが、ここでいう社会的回復は仕事に就くなどだけではなく、コミュニケーション・スキルを高めることなども含む。比較的わかりやすく目に見える回復部分と言えるだろう。

精神的回復とは、怒りや孤独などの特定の感情状態が薬物使用につながる可能性を理解し、これらの感情に効果的に対処できるようになることである。霊的回復は、自然を感じ、人を思いやる気持ち、謙虚さ、信じる心など人間的な心を取り戻した輝かしい瞬間を意味している。薬物依存者が孤独から

図1　回復の４つの側面

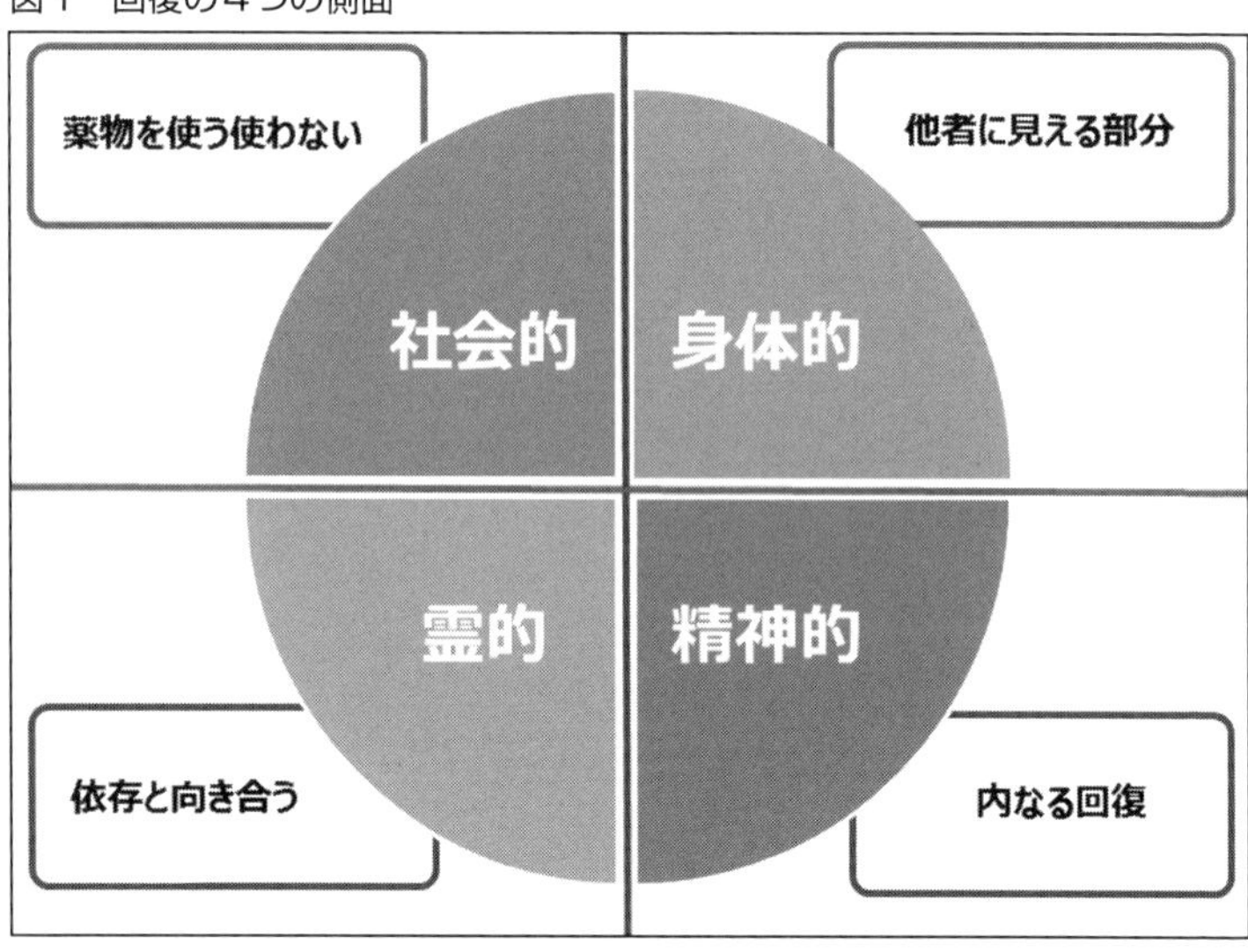

解放され、人の優しさや親切に触れ、素直に感謝できる人間的な感情を取り戻していくと同時に生きていく方向性を見いだし、希望に向け、仲間と共に第一歩を踏み出す。私たちは、仲間の中で叫び、涙を流し、絶望を分かち合い、ハグをしてスピリチュアリティを回復させてきた。

仲間と共に歩む薬物依存からの回復は、今日だけという小さな一歩から始まり、その可能性を信じたスピリチュアルな希望の旅である。

薬物依存者が回復を始めるにあたり、真にリラックスしてこころの最奥部の感情を話せる、自分の気持ちが表現できるような場所が必要である。回復の目標は、社会の中で有用な一員として役割を担い、家族との関係を取り戻していくことになるのだろうが、簡単にそのようになれるものでもない。

私が20数年前に大阪ダルクに入所していた頃は、10畳ほどの部屋で5人くらいが雑魚寝をしていた。

夜になれば修学旅行の晩のような雰囲気で、馬鹿な話や回復について語り合った日もある。しかし、これが現在の障害者総合支援法の障害福祉サービス事業になると、プライベートを確保するために、個室でなければならない。占有面積一人何㎡必要だとか規定がたくさんある。私たちは比較的、自由な意思で自由な場所で、自由に回復してきた。当時の入所者から大した苦情も出ていなかったと思う。嫌な者は去っていった。制度下の回復支援は的外れなことも多いものである。それは薬物依存者回復支援のために作られた制度ではないからだ。私たちは、回復の場であるダルクとしてのルールは少ない方がうまくいくと考えている。それは、集う仲間がその時々話し合い、自分たちでルールを作ることが望ましいと考えるからだ。

当時の大阪ダルク入所者には、現東京ダルクの施設長幸田実、現さいたまダルク施設長の辻本俊之がいた。当時は、私を含む３人がいずれダルクの施設長になり、薬物依存者の回復支援を行うなど、誰も思っていなかっただろうし、期待してもいなかったことだろう。しかし、周りの人たちが驚くほどの回復であったのだ。驚いているのは私たち自身も同じである。ここにダルクの回復の良さがあり、薬物依存者の回復とは、長い時間をかけてゆっくりと、しかし確実に回復と成長をしていくということである。

当時私は、生活保護費のお金をパチスロに使いこみ、家賃を滞納し、部屋を追い出されることになり、ダルクに行く決心をしたわけであり、ダルクのプログラムが素晴らしいから入所してみようという気になったわけではなかった。クスリをやめたい気持ちがなかったわけではないのだが、住むところも失い仕方なく入所したわけである。他のダルク入所者の中には、素敵な女性がいたとか、刑務所に行きたくないなど、不純な動機から利用が始まる者もいるのだが、不純な動機を持ちながらもプログラムに参加しているうちに動機が変わっていく。最初は「ミーティングも面倒だ」という思いから始まり、「薬物をやめないと」「やめた方がいいよなぁ」「やめたい」「もう使いたくないな」へと、薬物をやめるという動機が外発的動機づけから、主体的に自分がどうしたいのかという内発的動機に移り変わっていく。その過程において、時には薬物の再使用や失敗もありながら、シラフで生きることを学んでいく。外発的動機づけによる短期間のグループワークや認知行動療法で依存症が治るわけでもなく、外発的動機づけ期間に内発的動機が育つように工夫することで薬物依存者が真に薬物を必要としない生き方を手に入れていく。社会が十分に受け入れるに値する生き方になるには随分と時間がかかるわけだが、その回復過程で正しさを強要するのではなく、仲間と絶望的な状況を分かち合いながら、希望を見つけていく。

実際、薬物をやめたくてダルクにやってきたのだが、ダルクでは薬物をやめることはゴールではなくスタートだったのだ。まず薬物を使わない、何としても今日だけは薬物を使わないことに最善を尽くす。そんな今日一日を生きることから始まった。昨日の自分より今日の自分のほうが良い、シラフの自分のほうがホッとするなという気持ち、今日だけシラフで生きる連続の中に回復と成長がある。また、自分自身を枠にはめ込み、頑固であったり、こだわったりすると、回復にとっては邪魔になる。こうあらねばならない、こうするべきだとか。男らしさとか、女らしさとか、そういったものにこだわっていると回復には邪魔になり、自分自身の可能性を閉ざしてしまう。

4　病気か犯罪か

アディクションとは病気なのか、犯罪なのか、どう取り扱うのか。病気であることは間違いないと思うが、慢性疾患である糖尿病と同じで、どこから治療の対象になるのか。未病という言葉もあるが、病気と診断される前の段階でもできることがある。ひとつは教育。「薬物乱用防止教育」は、薬物依存から遠いところにいる大人たちの活動であり、薬物乱用リスクのある子どもたちを薬物に向かわせないことにどこまで効果があるのか疑問である。「ダメ！　絶対！」教育だけではダメ！　絶対！　なのである。これまでも違法薬物の覚せい剤や大麻、有機溶剤の乱用防止教育が行われてきたが、「害を強調する」薬物乱用防止教育には疑義も示されており、新たな薬物乱用防止教育のあり方の必要性が述べられている。

幻覚や妄想といった精神病症状ばかりを強調するのはいただけない。というのも、若者たちの周囲にいる薬物経験者の多くは、そのような症状を呈していない。「大人がまた嘘を言っている」と見なされ、話の信憑性が失われ、逆効果となりかねない。むしろ、薬物によって思考や感情が支配され、大切な約束を反故にし、時間にルーズになり、隠し事と嘘にまみれた生活になっていく、「依存」という現象の恐ろしさを伝える必要がある。（２０１０　松本[2]）

威嚇教育は、最初の一歩についてはあるけれど、一回逸脱してしまった人間に対して、2回、3回逸脱するのを抑止する効果はゼロに近いどころか、むしろ、逸脱をプッシュしてしまうという問題があります。「もう、自分はダメな人間なんだ」と、より悪いほうへ進む敷居を劇的に下げてしまうことがはっきり実証的にわかってきている。（1998　尾木・宮台[3]）

また、薬物依存症は精神科医療によってのみ解決するのではない。精神科医師も回復を支援するひとりとして回復に寄り添い、薬物依存者が地域で暮らし、主体的に回復について考え行動していけるような治療や回復支援が望まれる。例えば、たった数回しか薬物を使ったことがない、しかし交通事故で人を殺めてしまった――そんな人がこれから先、薬物を使わず生きていきたいと決心をすれば、やめ続けるための支援もあると思う。しかし、精神科において薬物依存症という診断はないと思う。その人はやめたいと思っているし、その支援が必要であるはずなのだが、今の障害福祉サービスなどの公的な支援の中には、このような病気や、障害といえない、薬物をやめたい人が利用できるサービスや支援がほとんどないのである。一人前の精神障害者か薬物依存症者にならないと支援の対象にはならない。本人にしてみれば病気や障害とされることを嫌う人もいる。

司法領域においても法務省発表では毎年1万数千人が薬物事件で逮捕されており、刑務所受刑者は1万4千人程度、受刑者のうち4人に1人は覚せい剤取締法違反で受刑している。5年以内の覚せい剤取締法の同一罪名での再入所率も、48・9％と高い水準である[4]。受刑中にもＳＭＡＲＰＰ（スマープ、Serigaya Methamphetamine Relapse Prevention Program：せりがや覚せい剤依存再発防止プログラム）

のようなプログラムが1クールある程度で、依存からの回復には十分ではない。受刑することで社会性を失い、人とのつながりも絶たれ、刑務所での悪友のネットワークが広がることなどの悪影響のほうが多いように思う。

刑務所での矯正教育というのは、幻想ではないだろうか。刑務所での矯正教育が成功しているのではなく、逮捕や裁判を受けることにより、身近にいる健康的な他者や支援者とのつながりの中で問題の本質と向き合えた者が、再犯を繰り返さずにいるのではないかと思っている。

5　ミーティング

ダルクの基本的なプログラムは、NAをモデルにしたミーティングを1日2回（午前、午後）とNA（夜）への参加である。ミーティング（60～90分）では「言いっぱなしの聞きっぱなし」で、討論はしない。司会は断薬期間の長い利用者やスタッフが交代で行い、司会者がテーマや話題を決める。参加者は車座にみんなの顔が見えるようなかたちで座り、話したい人や指名された人がテーマに沿って話をする。

精神科で「あなたは薬物依存症です」と言われても「ほっといてくれ、使ったこともない人に俺の気持ちの何がわかる？」。そんな態度を示す人も「ダルク」やNAミーティングで同じような経験談を聞くと、かたくなに閉ざされた心がしだいに解放されていく。テーマは「今日は薬を使って一番ひどいことをしてしまったなと思うことがあればその話をしてください」「今日は謙虚さについて自分の経験や体験を話してみてください」など多様である。自分と同じような仲間の体験談や、回復のストーリーをミーティングの中で聞くことで、自分自身が抱えている問題に向き合い、かつて「生きる意味も価値もない」「迷惑をかけるだけの存在」「自分みたいな人間は死んだほうがよい」といったネガティブな思いが、「ここにいてもいい」「役に立つこともある」「必要とされている」というように前向きになる。ミーティングに出るたび、少しずつ自分自身を許し、自尊心を育てていく。スタッフもまたそれぞれの話に回復と成長のチャンスを手にする。

施設利用中、やり直したいという気持ちがあれば何度でもやり直しができる。たとえ失敗しても、利用者が望めばどのように向き合い、取り組むかを一緒に考え、ダルクは受け入れる。逆にその人が拒めば、強制的にプログラムを受けさせることはない。とはいえ、出て行った利用者がもう一度、プログラムを受けたいと戻ってくることも少なくない。

6　サポートとスピリチュアリティ

木津川ダルクにおいてはできる限りルールを少なくしている。ルールを決めれば破った人に罰を与えることになる。私たちはこれまで法律やルールを守れずに薬物を使ってきた。ダルクにやってきた薬物依存者に、法律やルールで縛りつけてもうまくいかない。自由な中で自分が何をすべきかを本人に見つけてもらう。「よくきたね」と一緒にしらふの時間を過ごし、新しい楽しみ方や生き方を伝え、一緒にやってみる。時間をかけてかかわり続けることでお互いの信頼関係が育つのである。

かかわりの中で大事にしていることは仲間同士のサポートである。スタッフだけが援助者ではなく、一定期間プログラムを実践している利用者が、新たな利用者の回復を支えている。今日一日薬物を使わずにいるための提案から、日常生活全般について心あるサポートを行う。掃除洗濯から買い物への付き添いなど、ときには精神状態が不安定な仲間の看護など専門家や家族でも負担になることをしている。これはかつて自分自身がサポートを受けていたからできることで、サポートをしてくれた人に返すのではなく、新しい人に手渡していくというかたちでつなげていくのである。

ＮＡでもスポンサーシップというものがあり、それは特定の相談相手を持つことでもある。スポンサーがいきなり「あなたの相談相手になります」と決めつけるのではなく、「あなたのスポンサーになる準備があります」と伝える。その中からビギナーが「この人になら相談しやすそうだし正直に話せる」と思う仲間を選び、「スポンサーになってほしい」と頼む。選ばれたスポンサーはビギナーから相談を受け「〇〇のようにしてみるのはどうだろうか。自分は〇〇のようにしてきた」「よければミーティングに行きませんか」などと提案する。また、ステップワーキングガイドなどをスポンサーと行い、12ステップの実践を一緒にする。指示的にならないように一緒に考え、ビギナーにとってもできる選択をし、見つけ出していく。スポンサーはサポートにおいて「あれはだめ、これはだめ」と言うのではなく、「しらふでやってみよう」という姿勢でかかわる。回復をともに分かち合えることは、すがすがしいものである。

7　アディクションの対極はコネクション

アディクションの反対は正常・健康であるということではない。薬物と繫がることが不健康な繫がりではあるわけだが、それ以前に、不健康な繫がりや繫がりの希薄さ、そういったことがある人たちが、さらに薬物を使ってより深い不健康な繫がりにはまっていった。そして繫がりを失っていくということではないか。

自分自身の体験からも、そんなふうに思う。また、歴史を見てみると、アディクション治療において様々な治療が行われてきた。アメリカ精神科医療の中で、1800年代後半から1900年代前半には、アルコール依存症にコカインやLSD等を投与したり嫌悪療法が行われたりしていたが、依存者にとっては受難の時代だった。その後、大きなムーブメントとなるAlcoholics Anonymous＝AAが1935年に設立された。その大切なものの一つがフェローシップ、助け合うということだった。一人のアルコホリックがもう一人のアルコホリックを訪ねて、そして共通の課題を分かち合いながら飲まないでいることを始めた。AAができるまでは、プロテスタント教会で行われている懺悔から始まり、断酒のためのグループが始まり、オックスフォードグループなどの活動が広がり、その流れの延長にAA12ステップグループが生まれてきた。12ステップが作られるときには心理学者のユングも協力したと言われている。その後、薬物版のNarcotics Anonymous＝NAもできることとなった。

8　多様な回復

精神科医療では「寛解」、刑事司法では「更生」という言葉があるが、それは限定的だし、そういう制度の中である回復は不自由で、本当の意味で回復ではない。ただ従わされている気がする。回復にゴールというものはない。クスリをやめたくてダルクをやってきたのだが、ここまで来てみると、クスリをやめるのはゴールではなくスタートなのである。まずクスリを使わずにいる。そんなところから始まっていったので、回復というのは何か月か何年かの断薬を手に入れて完了するようなものではないと思っている。

木津川ダルクでは、ミーティングだけではなくて、ヨーガも取り入れている。汗をかくような感じはなく、自分の身体に集中することを、呼吸法などを使い行っている。そうすることでミーティングの中でも集中力が高まってくる。睡眠にも効果がある。耳針もやっている。耳のツボに渇望を抑えるところがあり、ここに耳針をしてリラックスしたり集中したり落ち着きを取り戻したりすることを実践している。このようなプログラムではボランティアの方が来てくださっている。ヨーガ療法学会がデータを集め、ヨーガを教えながらその効果を検証することをしている。やる前とやった後の気持ちを書きながらデータを取り、その効果を証明しようとしている。このようなプログラムは欧米では効果があるとして使われているが、日本では国民健康保険による医療制度が邪魔をして、安くて副作用が少なく安全なものであるにもかかわらず、医療や福祉領域の現場では多くは使われていない。保険適用ができないので広がっていかない。アメリカでは個人が入る保険で自分の治療費を払い、それを払うのは保険会社なので、なるべくなら安くすませたい。コストパフォーマンス、費用対効果を考えヨーガや鍼灸などを取り入れて回復支援を行うことが進んでいる。日本では医師業界や製薬メーカー、精神科医療制度による既得権益を手放し、患者のために変わらないと進まないだろう。今はＳＭＡＲＰＰなどしかないのが現状である。

治療や矯正プログラムは、短期的なものとしての活用はいいのだが、それで治るものではない。長期的な回復のプロセスの中に、精神科治療やＳＭＡＲＰＰがあったり、就労支援があったり、教育の機会があったり、様々な取り組みを組み合わせて薬物を使わずに生きるという気持ちを継続させるのが、本来の回復支援モデルではないだろうか。

9　おわりに

木津川ダルクのメンバーは、月2回、地域清掃作業をしている。私がやらせたわけではない。彼らが自分たちの意思で始めたことである。その経緯であるが、近所のコンビニでダルクのメンバーが何度も万引をして、数名が出入り禁止になり、文書にて利用者、職員ともダルク関係者の出入りを禁止するとの通知がきたことがあった。私はこのことを利用者に説明をした。「仕方ないが、そのコンビニは利用しないでほしい。少し遠いところにあるコンビニを利用してほしい。そこでも万引は絶対しないでほしい」と言った。自分たちの居場所をこうして失っていく。これまでも失ってきたし、ダルクに来てまで利用できる場所を失ってほしくない。そう説明したが、また、出入禁止のコンビニを利用してしまった者がいた。

今度は店長がダルクに乗り込んで来た。「なんで来るんだ……。ほとぼりが冷めるのにも早すぎるだろう」と、店長談。私は苦情を聞いた上、「スタッフが利用者に対して首に縄を付けて買い物に行かせるわけにもいかないし、コンビニで万引はしないことは当然でコンビニの利用もしないことを伝えました。あとはそれぞれに任せるしかないのです。自分たちは、今日一日、薬物やアルコールを使わない生き方をダルクという場で手助けしあっているのです」と言った。すると店長曰く「えっ！毎朝お酒買いに来てますよ！」と。「それなら店長から直接利用者に言ってやってください」と店長にダルクミーティングに入ってもらって、「あなたはお酒を買いに来ているではないか？」と言っていただいた。そして店長の思いや、万引でお店がつぶれかねないことなど、万引していない人も出入り禁止にしている申し訳ない気持ち、いろいろとシェアしてもらった。そんなことがあり、ダルクの仲間たちが、「自分たちも木津川ダルクの連中は万引するような酷い人ばかりと言われるのが嫌だ。少しでも自分たちでできることを地域の人に知ってもらいたい。そのために地域清掃をしたい」ということになった。スタッフも協力して、道具を買い、役所に問い合わせて、清掃ボランティア活動を支援協力してほしいとお願いに行き、清掃が始まった。それ以降自分たちが主体的に地域清掃作業をしている。最近では見かけた地域の人たちが、「ご苦労さま」「ありがとう」と声をかけてくれるようになっている。

回復を歩む薬物依存者が地域の中で地域の人と繋がっていく。依存問題にダルクのスタッフだけが関わって回復するのではなく、地域も薬物依存者を地域で暮らす人として当たり前に関わる。私はコンビニの店長には感謝している。薬物依存者本人に文句を言いに来てくれたわけだから。ほとんどの人は当事者を無視してダルクに苦情を言うか、警察に通報する。警察に通報された利用者もいるが、事件にするのも面倒なのか、警察が万引をした利用者をダルクに送り届けてきたこともある。このような人や地域での繋がりがあってこそアディクションから回復していくわけで、施設や病院に入って数か月後、「治りました」と家族の元に帰り、問題なく生活が続けていけるのかといえば、そういうものではないと思う。

ダルクの始まりは、仲間として仲間への手助けとして取り組んでいたものを社会に伝え、社会の課題とし認知され、自治体の施策として制度や税金で支えられた施設へと整備されるようになった。しかしこのような公的制度ができ上がり、それでよいわけではない。それは、精神科に入院したことはないし、刑務所にも入ったことがない薬物依存者もいるからである。薬物を止めたいという人がいれば、「一緒に回復していきましょう」というダルクでありたい。しかし、仲間だけの支援だけでいいわけでないし、制度にまかせればいいわけでもない。フォーマルとインフォーマルな支援が共に補完し合うことが重要である。社会の状況に応じて薬物問題とその施策が変わっていく中で、ダルクもさまざまな取り組みと役割を担ってきた。社会に回復を歩む薬物依存者たちの生活の場や就労先がなければ、ダルクでの回復も水の泡になってしまう。

今後、薬物問題解決のため、皆様と共に更なる活動をしていくことができれば幸いである。

【注】

（１）平成30年2月23日現在。http://najapan.org 参照。
（２）松本俊彦「求められる薬物乱用防止教育とは?～「ダメ、ゼッタイ」だけではダメ～」（平成21年度インターネットによる「青少年の薬物乱用に関する調査」報告書、二〇一〇年、第6節 委員による所見）。
（３）尾木直樹・宮台真司『学校を救済せよ――自己決定能力養成プログラム』（学陽書房、一九九八年）１９４～２０７頁。
（４）平成29年度版犯罪白書より。

第3章 回復の主体性

市川　岳仁（三重ダルク）

1　はじめに

私は1999年に、三重ダルクの開設とともに三重県に移り住んだ。当時は全国にダルクが広がり始めた頃で、まだ世間では「依存症」という言葉は頻繁に使われておらず、少なくとも「薬物」に関しては「薬物乱用」「薬物中毒」という言われ方がほとんどだった。こんな世の中にあって、ダルクはまだ知る人ぞ知る存在であったし、三重ダルクの周りを見ても、名古屋と大阪にダルクが存在するだけだった。おのずと三重ダルクには、これまでのダルクでうまくいかなかった人たちの再チャレンジの場としての役割があり、設立の母体である名古屋ダルクや大阪ダルクからの紹介でメンバーがやってきたものである。全国的に見ても、新しいダルクの役割というのは似たようなものだったはずである。そして、こうした状況は約5年ほど続いただろうか。

状況が変化したのは２０００年代に入ってからのことで、全国にダルクが爆発的に増えていった。こうした状況の中で、田舎の小さな三重ダルクは少しずつ存在感が薄れていったように思う。だんだん他のダルクから紹介されてやってくる人が少なくなった。これは、こちらが積極的に声をかけなかったこともあるだろうし、三重ダルクが古くからのやり方である「1日3回のミーティング」にこだわったことと、それに伴う「厳しさ」も原因だったかもしれない。ともあれ、5人いた仲間は4人になり、４人が３人になって……やがて1人か2人しかいないという状況に陥った。これがダルクの運営と私自身のあり方に大きな影響をもたらしたのである。

三重ダルクの運営は献金集めから始まった。川沿いの古い民家の家賃6万５０００円と光熱費、自動車1台の維持費と私の生活費が6万円。毎月20～30万円を集める必要があった。これを約2年ほど続け、２００1年度から、精神障害者のグループホームとして補助金をもらえるようになった。毎年の運営費のうち、約３００万円ほどを賄えるようになったのだが、この補助金は２００5年に、障害者自立支援法が施行されると大きくその性格を変えることになる。それまでのハコモノ補助金（1施設あたり年間いくらという補助金）と違い、障害者自立支援法では、利用者一人ひとりに対し1日あたりの支援報酬（単価）が設定され、その実績に応じた金額が施設に支払われる。すると、利用者の少ない三重ダルクでは、ほとんど補助金が入らないという事態が発生した。やっとの思いで続けてきた活動が、今や風前の灯となったのである。危機は運営面だけでなく、全国にダルクが増えたことによる「役割の喪失」も、私のその後のあり方に大きな影響を与えた。

2　回復とエンパワーメント

私は名古屋の下町のごく普通の家庭に育った。小学校の成績は概ね優秀だったと思う。ところが、卒業真近の2月に起こしたスキー滑落事故の影響で、中学1年の春にパニック発作に見舞われて以来、精神科の通院とそれに伴う抗不安薬の服用が欠かせなくなった。今や、心の不調でメンタルクリニックにかかることは珍しくなくなったが、当時は精神衛生法があり、精神患者が社会から隔離されるのが当たり前の時代である。世間の精神疾患に対する偏見も今とは比べものにならないほど大きいものだった。私は自分の精神科受診を誰にも言えず、自分のことを人に知られるのを極端に恐れ、自然と人を避けるようにもなった。世の中が右肩上がりの時代に、冴えない中学・高校時代を過ごした。友達と関わり自分という存在と向き合いながら自己を確立していく時期に、私は自分からも他人からも逃げ回っていたのだった。そうして社会に出てからもうまく自己実現できないまま過ごし、薬物をはじめとする複数のアディクションの問題を抱えるようになった。20代半ばまでには依存者としてすっかり出来あがり、精神病院の入退院を繰り返していた。そして、ダルクと出会い回復が始まっていく。

薬物をやめて最初の1年はうだつが上がらなかった。入寮者として特に目立つこともなく、ブルーな気持ちで過ごした。大きく変化したのは2年目からである。ダルクの回転は速い。次から次へと新しい仲間がやってくる。去年やってきたメンバーは、今年はもう大先輩として後輩の面倒をみることになる。私も例外なく仲間の出迎えやミーティングの司会、自助グループでの役割など、てんてこ舞いの忙しさだった。そして、最初の1年で親の仕送りが途切れたこともあり、食費を稼ぐ意味もあってダルクのお手伝いをすることになった。これが私のダルクスタッフとしてのデビューで、１９９７年のことである。

当時のダルクは何もかもが手弁当である。世間の理解があるわけでもなく、行政からの支援があるわけでもない。薬物をやめたければ、自分たちで支え合うよりほかなかった。これは不満と聞こえるかもしれないが、むしろ逆である。この「世間の無理解」こそ、我々にある決定的な役割をもたらしたのだから。

昔ある仲間がよく、「俺は役に立っとる」と言っていた。自分は世間の人とはちょっと違い、奇抜でおかしい。だが、いや、だからこそ、同じ薬物依存者の役に立っているのだと言う。なんて格好いい人だと思った。子供の頃から精神科通いを隠し、自分を受け入れられず、いつも大きな劣等感を抱えて逃げ回ってきた自分と比べて、なんという違いだ！　彼は薬物依存を引け目に思うどころか、むしろ自分の（良い意味での）特徴として受け入れ、生かしているのだ。いっぺんに彼のファンになった。そして、彼のようになりたいと思った。

自分の中で「役に立つ」という言葉の意味が変わった。薬物のように世間が目を背けるような問題では、なかなか理解や共感を得ることは難しい。みんな、我々のジレンマを理解せず、ただ薬物を取り上げようとするだけだ。だが、同じような経験や苦労をしてきた「仲間」なら、我々の痛みを否定せず、受け入れてくれる上に、それを乗り越えていく経験や勇気までも分かち合ってくれるのだ。これぞ最も効果的で合理的な方法ではないか。「役に立つ」ということは、世間の物差しで言うところの「良い人物」でいることでは決してないのだ。この気づきは大いなる救いをもたらした。これなら私にだってできる！

それから私は「ヤク中らしく」振る舞うようになった。もはや隠す必要はないのだ。むしろ、それをオープンにすることによって救われる人もいるのだ。だから、ミーティングは大好きだった。正直に話せば話すほど、誰かとつながれる。新しい仲間の役に立てた感覚が得られるのだ。こうして「体験談」は私が生きていくための「核」となった。ダルクは私を治そうとはせず、他の人を手助けする機会を与えてくれた。

これが医療的支援だったらどうだっただろう。私はどこまでも「患者」でしかなく、私を助けるのも、他の患者を助けるのも、医師をはじめとする専門家たちであったはずだ。薬物依存の当事者たちは、あくまで支援や治療の「対象」として、弱い立場に留められただろう。だが、ダルクは違った。当事者たちは、まさに「資源」として、主体性を帯びた輝く存在になれたのである。

そんな経緯で地元に戻ったのが１９９８年のこと。地元の名古屋ダルクでは、ちょうど三重ダルク開設の動きが高まっていた。私は「やりたい」と手を挙げ、１９９９年の1月に三重県にやってきた。

全国の代表者たちも同じだったのではないだろうか。ダルクの爆発的増加の背景には、当事者のエンパワーする機会を求めるエネルギーがあったと思う。誰もが治療の「対象」ではなく、回復の主体となれたのだ。

３　環境が回復を育てる

三重ダルクでは、すべてが一からのスタートだった。見ず知らずの土地で、見ず知らずの人たちに助けを求めながら「ダルク」を育てていく。これが大いに成長につながった。お金を集めるにあたっては、人に頭を下げること、まわりくどい言い方をせず、はっきりものを伝えること、いただいた寄付を大切に使うこと、その使途を報告すること、感謝の思いを一通一通手書きで返信することなどが必要だった。自分の言葉に責任を持つ。それまでの、どこか依存的な感覚は吹っ飛んだ。優先順位も学んだ。まず家賃。自分の生活費以前にダルクの家賃と光熱費を払わなければ、そこに居続けることさえできない。当たり前のことだが、依存症真っ盛りの頃は、そういうことさえできなかった。自分の欲しいもの、やりたいことが先だった。だから、この時期のダルクにお金がなかったことが、私に経済観念や優先順位を学ばせてくれたといっても過言ではない。誰かが教えてくれたのではない。環境が教えてくれたのだ。安定した運営状況や誰かが管理してくれている環境では、こうした感覚を身につけることはできなかったであろう。これも、生活の「主体」であるからこそ、できたことである。管理された施設入所を何年続けても、これらが身につくことはなかったはずだ。

そして次にやったことは、自助グループを開けることだった。私は依存症だから一人では回復できない。しかし、なかなか仲間は定着しなかった。ほとんどの日を一人ぼっちで過ごした。ある夜、いつものように自助グループの会場を開けていると、涙がこぼれてきた。

「どうして誰もこない。俺はこんなに頑張っているのに……」

それは地域の依存者に対してというよりは、古巣の名古屋のメンバーたちが応援に来てくれないことへの恨み言だったかもしれない。ところが、次の瞬間に突然、ある考えがひらめいた。

「お前は今の状況を不満だと言うが、逆に考えてみたらどうなんだ。誰かが今助けを必要としてこの部屋に入ってきたなら、そこにはお前がいるではないか」

私はそれまで誰かが用意したミーティングに参加し、役割を引き継いできただけだったことに気づいた。仲間がいるのが当たり前、ミーティングが行われるのも当たり前、そこに居場所があることさえ当たり前だった。自助グループのない三重県にやってきて、それらが当たり前などではないことがようやく理解できたのだった。誰かがお膳立てしたものに乗っかるのではなく、主体的になってはじめて「回復者」なのだと。「回復」はもらうものではなく、むしろ与えるものなのだということを理解した瞬間であった。

4　奇跡の人

ダルクを開設するとすぐ、新聞社とテレビ局が殺到した。また、薬物乱用防止等の講師に呼ばれて体験談を話す機会も増えた。こうしたことは、勘違いして高慢になる（自分を先生と勘違いする）から注意するようにと先輩方からアドバイスを受けていたが、私はむしろ、先生になったというよりは「職業当事者」になった気がする。自分の「体験」が売れること、それは世間一般の人たちが体験したことのない「特殊」なもので、まさに私たちの「売り」なのだ。これをオープンにすると、ほとんどの人は驚愕し、一瞬の戸惑いののち、もう何も言わなくなる。いや、言えなくなるといったほうが正しいかもしれない。そんな体験などしたこともないからだ。そして、物語を聴き進むにつれて、何か尊いものでも見るような目つきになる人まで出始める。「奇跡の人」の誕生である。私の真似をする仲間たちも出てきた。それは、私がかつて先行く仲間に憧れた時と同じだったのかもしれない。「あなたのようになりたいです」とよく言われたものである。

こうして、１９９９年の三重ダルク開設から5年間くらいは非常に充実した日々だったように思う。回復者として仲間の「モデル」となり、地域では、薬物依存の第一人者として自分の存在意義を疑うことなく生きてこられた。まさに新しい生き方だった。でも、それは長くは続かなかった。

憧れの仲間が再発したと聞いたのは、ちょうどその頃だった。長い期間回復を続けていた仲間がリラプス（再び薬物を使うこと）してしまったというのだ。彼こそ奇跡の象徴であり、回復の可能性であり、モデルであったのに！

だが、これは彼だけに起こったことではなく、回復者が共通して抱えるジレンマなのかもしれない。実は自分にも少しだけ身に覚えがある。ダルクを続けながら、年々閉塞感を感じていた。先にも書いたように、三重ダルクの開設時は全国にダルクの数も少なく、一つひとつのダルクとそのスタッフの役割は明確だった。だが、全国にダルクが増えていくと、かつてのように自分の役割を感じることが難しくなり、すっかり埋没した感じになってしまった。

「体験談」を語ることにも少し疲れていた。私の語りに価値を与えてくれるのはその特殊性であり、それを際立たせるためには、過去の最もひどかった時代を語らなければ物語が成立しない。けれども、実際にはそうした時代からすでに10年近い年月が経っていた。当時のことを臨場感をもって語ろうとすると、どうしても不自然な感じがつきまとう。でも、聴衆はそれを待ち望んでいる。私は「当事者」だから呼ばれるのだ。そう思うと、なんだか終身刑を言い渡されたような気分になった。私は一生「薬物依存者」でしかないのか。さらに自分の存在意義を脅かす出来事が続く。それは仲間の回復である。

三重ダルクのスタッフだった彼は若く、私と同じように薬物依存からの回復者だった。ダルクの仲間たちは私より彼のほうを必要としていた。これはある意味当然で、薬物をやめてから日の浅い人のほうが、今薬物をやめようとする人にとってより近く話しやすい。こうした、次世代の回復者が育つことは、本来喜ぶべきことのはずだ。だが、人数の極めて少ない三重ダルクにおいては、私自身の役割が失われるようにも感じたのである。「回復者カウンセラー」としてのアイデンティティの危機であった。だが、私がダルクの活動を通して自らの役割を見つけたのであれば、彼にもまた同じことが与えられるべきである。本来は、この時が暖簾分けを行うタイミングで、彼が新たな活動の拠点を持つ時だったのかもしれない。そして、全国にダルクが増えるのも、この時なのだろう。しかし、２００５年当時、三重県の周辺にはすでにどの県にもダルクが存在しており、「次の場所」となるべき場所は存在しなかった。また、規模の小さい三重ダルクには、財政的にも次を生み出すことは不可能だった。結局、彼は三重ダルクを辞めて海外へと飛び立った。本当の理由はわからない。ただ、小さな小さな三重ダルクには、彼と私の２人の役割はなかったと思う。

５　ダルクスタッフの職業アイデンティティ

ちょうどその頃、障害者自立支援法が施行された。それに伴って、法人格を持つことと、任用資格を得るため「サービス管理責任者」の研修を受けることが義務付けられた。約10日間、朝から夕方までカン詰めになって、福祉の歴史やら新しい制度の説明を受けた。そして、やっとの思いで「修了証」をもらった。

口では、「くだらない。俺はダルクをやってるんで、福祉施設をやってるわけじゃないんだ！」など嘯いていたものの、心の中ではなんだか嬉しいのだった。自分のしてきたことが、やっと「仕事（職業）」として認めてもらえたような気がしたからだろう。ダルクを続けてくる間には、ずいぶん嫌な思いをさせられることもあった。講演先で「だるくの会」などと適当な紹介をされたり、学校の先生に「お仕事はしないいんですか？」と言われたりもした。他の講演者と別室で弁当を出されたこともある。だから、晴れて社会から認められたという思いがあった。

この、職業アイデンティティの面で「何者でもない感じ」は、世間との間だけで感じていたのではなく、実は仲間の中にいても表現のしようのない劣等感のようなものを抱えていた。

回復者には二つの道があった。薬物をやめたあと、ダルクに残ってスタッフとなるか、他の職業を選択するかである。私は時代もあって前者の道を進んだが、当時から仲間の中で囁かれていた「スタッフはダルクを卒業していない」という言葉に、密かに傷ついていたのである。今となれば、そうした職業だってたくさんあるとわかる。学校の先生や研究者などは、昨日まで学生だった人が大学を出た途端、「先生」になるのだし、研究者に至っては、一度も大学を離れたことがない人も多いはずだ。でも、自助グループの中には口の悪い人もいて、「施設（ダルク）のメンバー」「『社会』で働いているメンバー」などと言う。つまり、ダルクを出た人が社会復帰というわけである。これには、「社会に出た」人たちのダルクスタッフへの妬みもあったのだろうと推察するが、言われたほうは傷つく。こんなことも背景にあって「NPO法人格」と「サービス管理責任者」の肩書は私を大いに喜ばせた。職業としての、社会人としてのダルクスタッフを自覚できた瞬間であった。

気を良くした私は、他にも何か資格が取れないか探し始めた。そして、精神保健福祉士の養成校の入学資格があることに気づき、すぐに入学手続きを取ったのだが、入学が受理されるとすぐ、先ほどの経緯でスタッフが辞めることになったのだった。

6　最大の危機と新たな役割

スタッフがいなくなった4月からは大変だった。朝のミーティングの司会、午後の運動、会計、事務、電話対応に自助グループ……。再び何もかも1人でこなさなければならなくなり、ストレスで十円ハゲができたほどだった。さらに、そんなタイミングで実家の父が病に倒れた。10年前にくも膜下出血が原因ですでに障害者となっていた母のこともあり、実家に泊り込みせざるをえなくなったが、ダルクに出られる日が週の半分になると、通所していた仲間が来なくなった。もはや、ダルクをやめることも考えざるをえない状態である。

これまでダルクを離れていく人たちをたくさん見てきて気づくのは、次を明確に描いて出た人は無事、追われるように出た人たちの現実は厳しいということだった。実際、私自身、ダルクを辞めて他の仕事に就くことを考えた時には、これまでやってきたことを（職業として）どう説明したらいいかわからなかった。ダルクスタッフであることは職歴になるのか。だから、精神保健福祉士の資格だけは何としても取っておきたかった。ダルクを離れても潰れるわけにはいかない。生き延びていかねばならない。父が倒れた今となっては尚更である。そう思うとてもひどい精神状態に陥った。色々なことに被害妄想的になり、引きこもりがちになった。朝、目が覚めると布団から起き上がれず、しょっちゅう死ぬことを考え始める。仲間と海で遊んでいるような時でさえ、涙がハラハラとこぼれてくる。生まれて初めて経験する感覚だった。「うつ」だったのかもしれない。自分でもこれはまずいという自覚があった。こんな状態を何年も続けていたら、いつか本当にまいってしまう。なるべく早くこの状況から抜け出したほうがいいに違いない。しかし、こうした気持ちは誰にも打ち明けることはできなかった。ただ、近藤さんや倉田さん、古くからの友人の臨床心理士などに片っ端から電話をかけまくった。彼らは一度も拒否することなく、いつも私の電話を取ってくれた。そして、私はただ必死に勉強した。その甲斐あってか、試験には一度で合格することができた。

精神保健福祉士の課程を学ぶにあたっては、新しい知見を得たというより、改めて「ダルク」のような当事者主権の取り組みが、世界的に見てもいかに先進的で意義深いものであるかに気づいた。ダルクは我々が思うより、ずっとスゴかったのである。日本のような、特にマイノリティに対して排除的な文化の中にあっては尚更である。ダルクの先人たちは、よくぞこの活動の火を灯し、守ってきてくれたと思う。

もう一つ、資格を得て良かったことは、個人の体験にこだわらなくてよくなったことである。自助グループにおいては個人の体験談がとても重要である。けれども、体験談に基づいたサポートには良い面も悪い面もある。誰かが自分と同じような経験をしていてくれたことは大きな安心感を生むが、自分に役立ったことが他人にも役立つとは限らないからだ。僕とあなたは同じ依存症だが、僕とあなたは違うのだ。

ダルクのスタッフとして、長らく自らの回復経験を伝えることだけをサポートとしてきた自分にとっては、仲間の回復が私のそれとは「異なる」ということを受け入れにくい時もあった。けれど、精神保健福祉士の資格を取ったことで、当事者としての経験にこだわる必要がなくなり、その時々に必要なことを、（自分の経験の有無にかかわらず）提案できるようになったことは大きい。

つまり、共感と援助を分離することができるようになったということだ。自分のことを「当事者」としてだけでなく、「援助者」としても捉えられるようになった。すると、新しい分野が開けてきた。

特に依存症以外の課題（知的障害や発達障害など）を持つ仲間のサポートでは、自らの経験の提供（体験の共有）だけでは対応できないことが多い。彼らは人の話を自分の経験に置き換えたり、比較して洞察を得ることが得意でないことが多い。ミーティングでの分かち合いが、必ずしもベストな方法とはいえない。だが、依存症以外の障害を理解したことで、彼らの障害特性に配慮した関わりもできるようになった（詳しくは第11章の拙稿を参照）。こうした重複障害への取り組みは、もはや閉鎖寸前だった三重ダルクに新しい役割をもたらし、危機からの大いなる脱出を図ることができたのだった。

それからの10年は驚くべきものだった。資格を取ると、今度は大学院に進学した。そこでは、依存症そのものではなく、ＮＰＯや地方行政について学んだが、ダルクを地域で発展させるためのアイデアやノウハウをたくさん得た。依存業界で働く私は、「依存の枠」を飛び出してたくさんの気づきを得た気がする。なにより、私自身が元気になった。

こうしたことから、三重ダルクではスタッフの学びを推奨している。援助者として、幅を持ってもらうためである。私がいつも自分の人生の主体として回復を続けてきたように、ダルクで回復を目指す仲間たちの主体性（多様性）を担保したいからである。スタッフの多くは、私と同様、保健福祉分野を専攻しているが、私としては、経済や芸術、教育や栄養など、どんな方向性でも構わないと思っている。

ただ、資格に関しては、必ずしも今ある国家資格などを取ることが必要だとは思っていない。なんとなれば、自分たちで資格を作ってもいいのではないかと思っているくらいだ。大切なことは、自分を「援助者」として捉えられるようになることであり、そこからモラルや責任感が生まれてくることだと思うからだ。そして、それは当事者であることを、なんら否定しないものなのだ。

昨今、いよいよ国や専門家が依存症対策に乗り出した。人々の依存症に対する認識が変化してきたことそれ自体はとても喜ばしいことのように思える。だが、こうした流れの中で専門家主導の色が強まり、私たち当事者が再び治療や矯正の対象に逆戻りしてしまうのではないかと、危惧している。そんな意味でも、今こそ当事者が頑張る時ではないのだろうか。

私は20数年前、運良くダルクに拾われ、そこで当事者としての自分の役割を見いだした。そして、その当事者性を頼りに自らの自尊心を発展させてきた。だが、それは時と共に変化するものであり、また次の自分へと歩みを進めなければならなかった。その過程においては、いつも誰かが支えてくれた。私ひとりでこの道を歩んでくることなど、とてもできなかった。感謝している。私が資格を取るにあたっては、もう仲間じゃないとか、向こう側へ行ってしまったとかいう声も聞こえた。でも、私はどこにも行っていない。今もここにいて、日々、ダルクの仲間と飯を食い、腹を抱えて笑い、共に生きているのである。

ダルクは私の故郷であり、そんなダルクを私は愛してやまない。

第4章 回復の役割

幸田　実（東京ダルク）

1　仲間の中での役割（誰もが誰かの役に立つ）

私がありったけの勇気を振り絞って、初めてダルクに電話をしたとき、電話に出た職員らしき男性にいきなり「シャブですか？」と聞かれ、怖くなって電話を切ってしまった。その後、逮捕されダルクに入寮することになったのだが、一体どんなところなのか想像もつかないまま、釈放と同時にダルクにやってきた。

そして対応してくれた職員は、拘置所から釈放されたばかりの私を夜の自助グループ（NA）に連れて行ってくれた。会場に入り誰かに案内されて椅子に座ると、誰かがコーヒーを持ってきてくれて、隣の人には「よろしく、○○です」と握手を求められ、ミーティングが始まると誰かがハンドブックを手渡してくれ、自分がなぜここに座っているのか、それすらわからないまま、ことが進んでいった。

ハンドブックの読み合わせが終わると、司会者の人が「初めての仲間が参加しています」と言って、名前すら知らない私を全員に紹介するのだった。私は、一言「よろしくお願いします」と言うと、全員からの拍手で迎え入れられ、白いキータックを手渡された。その後ミーティングが始まり、数人のメンバーが自分の話をし、終わりの時間が来ると何事もなかったかのようにミーティングは終了した。

会場を片付けながら、次から次へとメンバーが自己紹介と握手をしてくれた。ふと気が付くと私を連れてきてくれたダルクの職員はすでに帰ったようだった。すると誰かが「一緒にダルクに帰ろう」と声をかけてくれ、ダルクに帰ってくることができた。

何が何だかわからないまま始まったダルクライフだったが、いつも誰かが声をかけてくれて、時には誰かが黙って隣にいてくれる。特別優しいわけでもなく、警戒するでもなく、ただ一緒にいられる。先輩でもなく友達でもない、利害関係の全くない「仲間」という新しい関係を築ける場がダルクでありNAのフェローシップなのだと気づくには、数か月の時間がかかった。

それにしても、なぜみんなそんなに親切なのか、始めのうちは疑問に感じていた。東京のNAメンバーには神父さん（依存者本人）もいたし、NAミーティングの会場はほとんどが教会で開かれていたので、宗教とのつながりも感じられた。また、ダルクはカトリック教会から支援を受けてもいた。

しかし、仲間の優しさや親切な行いは、宗教によるものではなく、プログラムによる回復のプロセスの中で培われたものだということが、プログラムを続けて行くうちにわかってきた。多くの仲間が、先行する仲間に自分がしてもらったことを自然に受け継ぎ、次の仲間たちへと手渡してゆく連鎖がN

Ａにはあり、当然ダルクも同じように機能していた。

それは、誰にでもできる12番目のステップの実践でもあった。決して無理をすることなく、仲間のために自分にできることをする。「誰か一人が頑張る」のではなく「私たち全員が少しずつできることをする」ことによって成り立っている利害関係や上下関係のないコミュニティが、ＮＡやダルクの中での仲間関係だったのだ。

２　当事者同士だからこそできること

私はダルクに来る以前に、短期間ではあるが定期的にカウンセリングを受けていた。しかし担当のカウンセラーに正直な話はほとんどできずにいた。私自身困ってはいるものの、どこから話していいのかわからずにいる状態だったが、聞かれることに答えるとその答えたことに対し、次から次へと質問をされ、「ちょっと待ってくださいよ」という気持ちと、聞かれれば聞かれるほどに、弱さを隠しカウンセラーに対して自己を防衛する力が働いてしまった。

そんなカウンセリングに高いお金を払って行くことがとても憂鬱な気持ちになり、結局何も解決しないまま途中で行かなくなってしまった。その印象が強かったので、ダルクに行ったらまたいろいろ聞かれるだろうと思っており、初めてダルクを訪れる時は「やっぱりやめとこうかな……」という気持ちにもなった。ところが初めての面接ではほとんど何も聞かれず、軽い雑談の後「まぁ、とりあえず入寮して仲間と一緒にやってみてください」「これからミーティングに行きますから」とだけ言われ、少し拍子抜けした私は「まぁ、やってみてもいいかな」という気持ちにさせられてしまったように思う。

その後も、特に個別の面談があるわけでもなく、毎日ミーティングで話せることだけを話す日々が続いた。ミーティングでは誰かに質問をされることもなく、スタッフの方からもカウンセラーに聞かれたようなことは一切聞かれることはなかった。スタッフと二人になったときなどは、私から話を聞き出すことはせず、その代わりスタッフ自身の過去の話をしてくれた。それにより安心感が生まれ、私を少しずつ正直にさせてくれたのだった。

そうした安心感は、私だけではなく多くのメンバーが感じていることだと思う。正直になっても大丈夫という安心感が持てるまでには、時間をかけて一つ一つ信頼関係を築いてきた結果であって、単に「薬物依存者同士だから」という共通点だけで持てる関係ではない。

ダルクスタッフの手伝いをするようになって気づいたことだが、そうしたダルクのスタイルは、専門家の視点から見るとアマチュア的であり、計画性がなく、何も支援をしていないように見えることかもしれない。私が入寮していた頃のダルクは、記録を取るといったことは一切行われていなかったから、仲間（利用者）の成育歴や家族構成、薬物に関する問題や回復のプロセスは、スタッフや仲間の中に散りばめられた「記憶」としてしか存在していなかった。それは毎日ミーティングに通って仲間と長い時間を過ごすことでしか得られない貴重な記憶となり、今でも顔や声とともに思い出すことができる。私自身の回復のストーリーを共に作ってきた仲間たちとの経験の積み重ねでもあった。当時の唯一の記録は、入寮時に名前と住所、日付を記入した「入寮申込書」だけだったが、それでも回復し、社会復帰してゆく仲間は大勢いた。

しかし、それは自助グループの中での仲間とのかかわりの延長である。ダルクを自助グループの一つ、もしくはボランティアの活動とするのであればそれでもよいのかもしれないが、薬物依存という障害に対する支援を行う施設と位置付け、しかも国の定める制度の中で人とかかわってゆくのであれば、それでは通用しないということに気づくには、その後かなりの時間が必要だった。

3　ダルクで働くということ（入寮者からスタッフへ）

ダルクに来てちょうど一年が経とうとしていた頃、沖縄にダルクが開設された。その頃大阪ダルクにいた私は、突然近藤恒夫さんから沖縄に呼ばれ、開設したばかりの沖縄ダルクを手伝うことになった。今考えてもなぜそうなったのかはよくわからないが、一つ言えることは、当時の私は自分で自分のことを考える能力がなく近藤さんに言われるままにしていると、気がついたらダルクを手伝うことになっていたのだった。今思い返してみれば、当時近藤さんと交わされた会話はといえば「飛行機に乗って沖縄に来い」「はい、わかりました」と「沖縄ダルクを手伝え」「はい、わかりました」くらいのものだった。

ダルクを手伝うといっても、一体何をしていいものか、自分に何ができるのか全くわかっていなかったが、施設運営も福祉に関する専門知識も全くなく、知らない土地で何もわからないのが逆によかったのかもしれない。自分の望みも欲もほとんどなく、住む場所があり、三食食べてしかもクリーンでいられれば満足だったので、東京に帰るまでの半年間、新しいダルクを開設していくことに専念することができた。

沖縄にはすでに先に沖縄入りをしていたメンバーが数人いて、彼らが施設の準備や買い物などは整えていたので、すでにスタッフをしていた三浦さんと私は、主にNAの会場探しと開設フォーラムの準備が最初の仕事となった。NA会場を借りるために教会に行き、神父様に会い信徒会の方にダルクやNAの話をし、沖縄島内を回った。

しかし、当時は自分自身がダルクとNAの違いをよくわかっていなかったので、相手にもその違いはきちんとは伝わっていなかったのだと思う。同時進行で開設フォーラムの案内や保健所への挨拶など思いつくことは何でもやってきたが、挨拶に行くのに名刺も持たず事業案内もないまま、しかも事前の電話連絡をすることもないのだから、世間を知らないというか社会性が全くないと思われても仕方がない振る舞いだった。

しかしそこは沖縄の方々の優しさで、どこへ行っても私たちの話を聞いていただけたのは本当にありがたいことだった。今思うと、私にとって最初のスタッフとしての経験を沖縄から始めることができたのはとてもラッキーなことだったと思う。

沖縄での約6か月間の間に、琉球太鼓の練習、チャリティコンサート、ビーチクリーンボランティア、そして第一回沖縄ダルクフォーラムと、すべて初めての経験だった。だが、ダルクを開設し、地域に回復の基盤を作るために何が必要かということを短い期間にすべて体験することができたことが、その後ダルクでスタッフをやってゆく上では大変役に立ったと今でも実感している。

その後、他のメンバーたちと入れ替わりに、私はスタッフとして東京に戻ることになった。開設したばかりの沖縄ダルクでは日々やることがたくさんあったのだが、東京のダルクは開設から10年以上が経過していてスタッフもそろっていたため、沖縄でのスタッフとしての仕事とはまた違った役割を自分自身で見つける必要があった。

急激な環境の変化もあり、しばらくは少し鬱っぽい状態になったが、ＮＡミーティングに行きダルクから離れる時間を持てたことで、徐々に気持ちも解放されてきた。それまではダルクのプログラムとしてＮＡに参加していたが、その時初めて自分のためにミーティングに行くことを経験できたように思う。それと同時にダルクでの新しい役割のアイデアもＮＡの仲間からもらうことができた。

当時はまだパソコンも今ほど普及していない時代だったが、パソコンを使った仕事をしている仲間から、「ダルクで導入するならサポートするよ」という提案があり、ダルクで中古のパソコンを買ってもらい、家族会のニュースレターの定期発行と書類づくりを仕事として受け持つことになった。

それまでのダルクはワープロどころか手書きの「記録」すらほとんどなかったので、パソコンの導入によりそれまで「仲間の中の記憶」がすべてだったダルクに「文字による記録」という新しい文化が生まれたことは大きな進歩でもあり、それは自助活動から支援施設へと変わる過程での大きな変化だったのかもしれない。

その時わかったことは、ダルクで働くということは、誰かに仕事をもらうことではなく、必要な仕事を自分たちで見つけてゆくことだということである。その基準はとってもシンプルで、「仲間の役に立つこと」「メッセージになること」「そして自分自身が必要と感じ楽しんでできること」。

その3つの条件がそろっていれば何をやってもいい場がダルクなのではないだろうか。30年間そうだったように、そのために必要なお金はきっと手に入れることができる、という根拠のない自信のようなものもあるのは、スピリチュアルな成長のおかげなのかブレインダメージによるものなのかはわからないが、一つだけ言えることは、ダルクはお金のために動き出しても上手くゆかなくなるだろうということである。その考えはおそらくロイ神父と過ごした時間の中で育ったことのように思う。

4　先駆者たちから受け継ぐもの

私が東京ダルクで責任者として仕事を始めた頃、入寮者の一人が女性がらみの問題で東京から離れた方がよい状況になった。スタッフ間で話し合い、名古屋ダルクの外山さんにお願いをしたところ、「いつでもいいぞ」と言ってもらい、すぐに名古屋に彼を送ることになった。何の手続きも準備もなく、自分で持てる手荷物だけで即日受け入れてくれる、ダルクならではのスピーディなつながりの大切さを、スタッフとして初めて経験した出来事だった。

しばらくして、東京に彼を戻さなければならない事情があり、連絡をすると次の日には夜行バスで東京に戻してくれた。私は、お礼と交通費の精算の件で連絡をすると「お金は要らない」「困ったらまたいつでもこっちに送ってこい」とこれまた男気満載の言葉をいただいた。責任者になりたてでもあり、ダルクを運営してゆくことに不安も多くあった時期だっただけに、外山さんのサポートは私自身にとっても大変心強いものだった。

その直後に、東京ダルクで出版した書籍が刷り上ってきたので、30冊ほどをお礼として名古屋ダルクに送らせてもらった。するとそれから１～２か月経った頃に、書籍の宣伝もまだそれほどしていないにもかかわらず、岐阜県の行政機関から大口の注文が入った。ちょうどその頃、外山さんは名古屋を拠点として岐阜県にメッセージを運んでいる時期だったので、メッセージとともに書籍の宣伝もしてくれたのだった。次から次へと各地にダルクが新設されていた頃だったので、各地のダルクとどのような関係を持ってゆくのかを模索している時でもあり、外山さんのサポートは一つの方向性を私に示してくれるものだった。

ダルク間の相互連携は、利害を考えるのではなく、隣にいる仲間に対して自分は何ができるのかという仲間同士の基本的なかかわりを拡大し、他のダルクに対しても同じことをやっていけばそれがサポートにもなり連携にもなってゆく、ということだった。名古屋ダルクの外山さんは多くを語る人ではなかったが、誰のために何のためにダルクを運営するのかということの意味を、彼のスタイルで常に私たちに示してくれていた。

スタッフとして働くようになった頃は、東京ダルクの運営もまだ不安定で給料が全額支給されない時も何度かあった。そこで東京都や区に相談に行っても、ダルクの活動が当てはまる正規の助成の枠がないと言われていて、唯一東京都独自の「地域福祉振興財団」からの一時的な助成を受けることで何とかしのいでいる状態だった。

そこで、東京都に対しては「薬物依存の回復支援」の新たな枠組みを作ってもらうよう何度も働きかけをしてきた。しかし、それは実現することはなかった。ダルクが置かれたそうした状況の中、唯一横浜ダルクが横浜市から「障害者の福祉作業所」としての認定を受け助成を受けることができるようになったのは、東京にダルクが開設して10年目のことだった。

これは、ダルクにとって画期的なことでもあり、ダルクが全国に広がってゆく一つのきっかけとなった出来事だったのだと思う。しかし、それまで誰一人として福祉施設の仕事に携わったことのない人たちでの運営だったから、最初は大変だったようだ。初年度の決算を終えた後、行政からの指導が大きく入ったと聞いている。寄付や献金と違い税金を使って事業をするということがどういうことなのか、誰も経験をしたことのないことだったから仕方がないことではあったと思う。私たちは横浜ダルクの経験を少し離れたところから見ることができたおかげで、国や行政からの補助金で事業を運営することの意味をもう一度考え直すことができたし、そのことがきっかけで、制度について勉強をする良い機会になっていった。

横浜ダルクを開設した大木さんは、その後横浜を離れ九州地区に次々と施設を立ち上げていった。周りで見ている人が「燃え尽きてしまうこと」を心配してしまうほどのスピードで、ダルクを新設していった。同時に福祉作業所、グループホーム、地域活動支援センターなどの助成制度も整備し、ダルクの活動は国や行政からの助成の対象として行える事業ということを証明した。これは大木さんが私たちに残してくれた功績の一つだと感じている。

私は一度大木さんに「なぜ、ダルクを障害者の作業所やグループホームとして運営するのか」と聞いたことがある。大木さんは、「これからのダルクスタッフは、ボランティアではなく、ちゃんと給料をもらってやっていく必要がある」「みんな、回復してダルクスタッフになって、結婚をして家庭を持ったりしながら続けていけるようにしなければダメなんだ」「そのためには最低限安定した給料を払えるようにしないと、続けることができないんだよ」というものだった。

　近藤さんやロイ神父、外山さんともまた違った考えのもと、ダルクを作り続けた大木さんの考えに対して「制度に縛られてダルクらしい自由な活動ができなくなる」と否定的にとらえる人もいた。しかし大木さんのやり方は、制度を利用することで、ダルクを継続した活動として地域に定着させるモデルとなったことは間違いない。

５　前例がないからこそできること

　初期のダルクは経済的なバックアップを支援者の寄付・献金のみに頼ってきた活動だったが、なぜここまで全国的なものに発展してきたのか、２０１５年に30年の節目を迎えた時、改めて不思議に思った。

　私がダルクに入所した頃、ダルクは全国に数か所しかなかった。自助グループのＮＡもダルクとは別に活動をしていたが、その活動をダルクが支えていた部分は間違いなくあった。また、ダルクも周りからは「自助グループ」と呼ばれていて、施設なのか自助グループなのか自分たちも明確な区別をすることなく（ある意味都合よく使い分けて）活動をしていた。

　ダルクの活動は、日本で初めての民間の薬物依存回復支援施設と言われているが、ダルクが誕生する以前からＭＡＣがあり、ＡＡ、ＮＡ等の自助グループの活動が日本ですでに始まっていたので、アルコール依存回復支援施設のMACをモデルとした薬物の施設を作る下地はできていたのかもしれない。しかしそれを実行できる人（専門家）は現れていなかった。

専門家の間では、薬物依存はアルコール依存と比べてもはるかに回復しにくいと言われていて、精神科病院でも、アルコール依存は受け入れても薬物依存の人は受診さえ断られることもあった。関係者の中には「薬物依存は回復しない」と言い切る人もいたようだった。同時に、病人である以前に犯罪者と考える人が多かった時代でもあった。

以前、ダルク創設者の近藤さんから、ダルクの開設にロイさん（マックとダルクを支援していた神父さん）以外は誰も賛成しなかった、という話を聞いたことがある。また、1980年代半ばであっても日本はまだ薬物依存が病気、あるいは障害として認識されていない状況の中、一人の回復者と神父の力で薬物依存のリハビリ施設としてダルクを開設することができたのは、国が何もやらなかったからだ、と聞いたことがある。

私自身ダルクでスタッフをやっていて感じることは、薬物の再使用やそれに伴う逮捕、入院、借金の問題、自殺等、非日常なことが日常的に起きるわけだから、当事者以外の専門家がこれにかかわるのは過酷なのかもしれないということである。

私がダルクのスタッフになった1994年当時には、ごく一部の専門家の間で「薬物依存は病気である」と言われてはいたが、一般的には病気という認識は今ほど浸透していなかった。そうした中で、医者でも専門家でもない私たちダルクスタッフが「薬物依存は病気です」と関係者や家族に説明することに違和感を持ちながら、この仕事をしていた。

しかし、当時の東京ダルクには、臨床心理士の資格を持つ専門家が一人職員として働いていたことで、私たち当事者スタッフの役割を陰で支えてくれていた。薬物依存が回復可能な病気であることを、臨床心理士としての立場から家族や関係機関に伝えてもらうことで、私たちダルクスタッフは当事者とのかかわりに専念することができた。

ダルクでの基本的なかかわりとは、自分がしてもらったことを次に他の人たちに伝えてゆくことだが、当時のダルクスタッフは、特別に研修を受けたり人とのかかわりについて勉強をしてきたわけではなかったので、仲間に巻き込まれたり必要以上に提案を連発したりと、失敗も多くあった。仲間同士ということもあり、かかわり過ぎてしまったり、もしくは合わない人とはかかわりを避けてしまったり、「支援者」としては間違いだらけでわからないことばかりだった。

その問題に当事者スタッフだけでは気づくことはできなかった部分もあったが、経験のある臨床心理士としての立場からの私たちへのアドバイスは、自分たちの問題に気づくきっかけを作ってくれた。だからこそスタッフ間で何を変えていったらよいのか、スタッフとメンバーとの距離感をどのように保ってゆくことがベストなのか、そして私たちダルクスタッフの役割とは何なのかということを、常に話し合い意識していくことができたのだと思う。

ダルクスタッフは、この仕事につくために薬物依存になったわけではなく、ダルクスタッフになるために薬をやめたいと思ったわけでもない。回復過程で誰かの、そして何かの役に立ちたいという思いから、結果としてこの役割を担ってきたのではないだろうか。そして、ダルク開設者の多くは何もわからないところからダルクを始めてきたからこそ、自由な発想と創造性を持って続けてこられたのではないかと感じている。しかし、時代は変わり世代も変わっていく中で、新しいメンバーに対して自分がしてもらったこと、自分自身の回復のプロセスと今までのやり方がすべて新しいメンバーに当てはまると思い込んでしまうことへの危険性も感じている。

ダルクスタッフの中には、勉強をして資格を取得する人もいるし、様々な研修会に積極的に参加する人もいる。そうした取り組みは今後ますます必要に迫られてくると感じている。もちろん、すべてのダルクスタッフが専門家になる必要があるとは思わないが、スタッフ一人ひとりのキャラクターと能力とその限界を尊重し合えるチームとしてメンバーとかかわることが、ダルクの新しい形なのではないかと感じている。

6　時代がダルクを追い越してゆく？

ダルクは行政からの補助を受けられない時代が長く続いたが、その間は活動に賛同してくださる方々の寄付・献金によって支えられてきた。また、カトリック教会からの多大な支援もあった。どこのダルクも開設当初は安定した経済基盤がないにもかかわらず、経営難により閉鎖されたダルクは私の知る限り一か所もないのが、とても不思議なことだ。

かつてロイ神父は「ダルクを必要とする仲間がいる限りダルクはなくなりません。だからお金のことはそれほど心配することはありません」と言っていた。しかし、その言葉には「お金のためにではなく自分自身のために、そして仲間のためにダルクで働く人がいる限り」という意味が裏側にあるように思う。それは何よりもロイ神父自身が実践していたことでもあった。

ダルクの活動は、当事者による当事者のための先駆的活動と言われていた。当時は自分自身が抱えている問題をカミングアウトし、仲間と共感し合うことは、自助グループなどの閉鎖された中で行われていたものだが、ダルクはマスコミの取材も多く受け、特にテレビの特集番組の中で取り上げられる機会も多くあった。

薬物依存当事者が自らの体験を包み隠さず語ることに、多くの人たちは驚きと新鮮さを感じたのかもしれない。それは私たちが毎日ミーティングの中で当たり前のように行っていることでもあったが、薬物とは全く縁のない人たちにとっては衝撃的であったのかもしれない。また、誰にも相談できず悩んでいた家族や当事者にとって、ダルクは唯一の救いの手だったのかもしれない。

１９９５年頃でさえ薬物依存について相談を受ける公的機関はなかったし、一部の民間団体と一部のカウンセラーにしか相談できない問題でもあった。今では、依存症の問題やＬＧＢＴのこと、摂食障害や重い病のことを様々なメディアを使ってカミングアウトする人はたくさんいるが、20世紀においては、それらはまだまだ隠さなければならない問題としてとらえられていたのだと思う。

そのことと並行して、薬物依存は行政から支援を受けられる障害であるという認識は薄く、かつては生活保護でさえ認めてもらえないことがあった。施設への補助も自治体によっては認められることもあったが、薬物依存は基本的に障害者とは認められないというのが大方の見方でもあった。

２０１３（２０１２年公布、２０１３年施行）年に障害者に対する法律が変わり、アルコール依存、薬物依存、ギャンブル依存が障害として認められることにより、ダルクの在り方も大きく変わってきた。かつては４～５人で共同生活ができる場所さえあれば、お金はなくても支援者を募ることでダルクを開くことができた。ただし、責任者の給料さえ保証されない自転車操業の日々を送りながらの活動でもあった。

ところが、２０１３年以降は、障害者総合支援法の下、ダルクは他の障害者施設と同様、条件を満たし基準をクリアすれば「障害者福祉施設事業所」として認可されるようになったのだ。法律が変わり制度が変わったことで、かつて横浜ダルクの責任者の大木さんが私に語っていた「安定した資金の必要性」は満たされ、運営面において安心してダルクを続けられる状況が整ったことは喜ばしいことだ。それとともに薬物依存が障害と認められ、回復の支援を受ける権利を獲得することができたことで、今まで誰にも相談できずに苦しんでいた人たちも回復のチャンスを手に入れることができるようになった。

同時にダルクの活動と薬物依存はごく一部の人たちの特殊な問題ではなく、一般的な障害者福祉の問題として扱われるようにもなってきた。「当事者活動」「ピア・サポート」という言葉も、障害者福祉の中でもよく耳にするようにもなってきた。すでに薬物依存の問題とダルクは特殊な存在ではなく、社会に多く存在する障害者福祉の一部として機能する活動としてとらえられるようにもなった。

薬物依存とダルクを取り巻く環境は大きく変わりつつある。今ダルクは、制度という枠組の中で、経済的には安定した運営が可能になってきたが、薬物依存者当事者の活動として始まったダルクが、自主自立、主体性を失わずにどこまで個性と独自性をもって施設を運営してゆけるかが問われているのではないだろうか。

薬物依存は、依存症という病として病院やクリニックで病人として保険治療を受けることもできるし、必要であれば入院をすることもできる。にもかかわらずなぜ、私たちはダルクが必要だと考えているのか？　それは、社会や周りから問われているのではなく、ダルクスタッフ一人一人が回復のプロセスの中で、なぜダルクで働くのか、どのような目的をもってダルクを運営してゆくのか、自分たちはどこへ向かおうとしているのかということを自分自身に今一度問いかける必要に迫られているのではないだろうか。

７　役割分担

ダルクのスタッフをしていてよく言われることは、「回復者が新しい仲間をサポートする活動」などということだが、私自身は必ずしもそうではないように思っている。というのは、プログラムの中で一人の人間が変わってゆく過程で役に立っている人間が必ずしも「回復者」であるとは限らないからだ。ＮＡのスローガンに「One addict helping another」というものがある。「一人の依存者は他の依存者を助ける（役に立つ）」といった意味で、これこそがダルクの存在を価値あるものにしている基本的な理念ではないかと、私自身は考える。ここでは回復した依存者が助けになる、とは言っていない。しかしここには書かれていない大切な意味が隠されている。それは「共通の目的の元に集まった依存者（同志）」というもので、そこには、向かおうとしている方向性を示しているのであり、単なるヤクチュウの集まりとは違う、全体がどの方向に向かおうとしているのかという大切なメッセージが含まれているのだ。

ダルクもＮＡと同じ方向性を持つ基本理念のもと始まった活動だったが、ダルクは自助グループではなく施設であり回復の場を提供することを目的として、自助グループであるＮＡの延長線上に位置する活動として今日まで機能してきた。特に開設当初のダルクにとってＮＡは、それなくしてはダルクの存在価値もほとんど意味のないものになってしまうほど重要な存在だった。しかし、ダルクの活動が全国に広がり、運営もある程度安定し、経験あるスタッフが充実してきた現在、ダルクは単に自助グループの延長としての存在というだけではなく、また、一般的に考えられる障害者福祉とも違う、独自の進化をしているように思える。

薬物依存者同士が主体的に互いに助け合うという発想から始まった活動は、自助グループの発生と出発点は同じだが、共同生活によりあらゆる時間を共有することで「集まり」とは違った独特のコミュニティを作ってきた。また、それはＴＣ（治療共同体）と言われるものとも違い、上下関係もあまりなく、ルールも極端に少なく、職員と利用者の関係も単に、「その時点での役割の違い」でしかないといったものである。そうした曖昧なまとまり方がダルクの最大の魅力でもあるが、それは一見すると計画性のない場当たり的なかかわりに見え、「支援」とは程遠いものに見えるかもしれない。しかし、ダルクにとって曖昧さが必要なのには意味がある。

薬物依存は否認の病と言われているが、それは回復に向かい始めたプロセスの中で初めて明らかになってくるもので、そこに至る前に大きな壁が存在するのだ。それは、「拒否」と「拒絶」という大きな壁である。スタッフであれ利用者であれ、ダルクに対して一番初めに思うことは「ダルクにだけは来たくなかった」ということだったと、多くの仲間から聞いている。誰もが、できることなら薬を止めたいと思っても、同時にダルク以外の方法で、と思ったことだろう。

薬物依存とはある意味で「治りたくない病」でもあるわけだから、回復のための治療やプログラムを拒絶するのは当たり前の反応と言えるのではないだろうか。肉体的にも精神的にも霊的にも拒絶反応を起こしている人（拒絶反応を起こしていることに本人の自覚はほとんどない）にとって私たちからのメッセージは、大きなお世話のやかましいお説教にしか聞こえないものである。とは言え、過剰適応能力抜群の薬物依存者にとっては、お説教を早く終わらせるすべを熟知しているから、相手が望む反応と答えをしっかりと用意してくれる。そして大事なことはすべて反対側の耳から流れ出ていく。しかし、ダルクスタッフはあえてそのことをわかったうえで、説得ではなくメッセージとして伝える。

また、このプログラムは正直になるプログラムだから、と何かを引き出そうとすると、拒絶反応はさらに強まり壁をより高く築いてみたり、逆に正直なふりをしたりと、いっそうありのままの自分から遠ざかってゆく姿も見てきた。振り返ってみれば自分自身も同じような反応をしてきたのだから、仕方がないことでもある。

初めてミーティングに出て感じることもほぼ共通していて、「私はダルクの人たちほど壊れてはいない」「ここは私の来るべきところではない」といったもののようだ。このことも、薬物依存者であれば誰でも感じる一般的な反応のようである。

こうしたプログラムに拒絶反応を起こしている人たちに対して私たちが提案できることは、限られている。とにかく３か月間ダルクで生活をして毎日ＮＡミーティングに出てください、それは88回でも89回でもなく3か月90回（毎日欠かさず）ということなのだ。話はそれからだ。その3か月間はミーティングにさえ出ていればそれで100％OK、しかもクリーンであれば更にOKである。

3か月間というのは準備運動の期間であり、お試し期間でもあるわけである。そこをクリアして初めて「拒否の壁」が少しずつ崩れ始めていくと、私たちは考えている。薬物依存者には、どんなに素晴らしいプログラムを提供してもミーティングでどれだけ素晴らしい回復のメッセージを聞かせても、当事者自身が一歩踏み出して仲間の中に入って人の話に耳を傾けようとしない限り、ほとんど効果がないことを私たちは体験的に知っている。

新しいメンバーが恐れから解放され仲間の中に最初の一歩を踏み出す勇気を持つためには、安心感が必要である。そのために私たちができることは、「介入」や「支援」ではなく「私たちはあなたの味方です」というメッセージを伝え続けることだ。それは、「お盆とお正月、土日以外の9時から5時まで私はあなたの味方です」というものではない。「一日24時間、一年365日、私たちはあなたの味方です」というメッセージだ。誰かが誰かを担当してケアする、ということではない。

「誰かが助けを必要とすれば、必ず誰かがあなたの助けになります」、そして「何度失敗を繰り返しても、あなたが求める限り私たちはあなたの失敗にも付き合っていきます」というメッセージである。曖昧であるということはそういうことだ。まずは「守られている」という感覚をつかむことが一番大切なことなのだ。

お互いが仲間として認めあえるまでの間は、特にこのような非介入的なかかわりが大切である。こうして受け入れられた経験のある人だからこそ、新しい仲間に対して同じことができるのだ。人から人への回復の連鎖がそこから始まる。

２０１６年の全国の施設調査では、83・３％のダルクがすでに法人化をしていて、残りのダルクもすべて法人化への移行を検討している。ダルクの長所でもある「自由と曖昧さ」と法人（団体）としての責任ある活動との整合性をどのようにとってゆくのかが、ダルク責任者と職員にとって課題の一つとなっている。

素晴らしい制度が人を回復へ導くのではない。制度を正しく利用して「回復にとって安全な場」を維持していくことが大切なことで、私たちダルクの回復当事者スタッフにはその責任があると感じている。この先、ダルクがいつまで必要とされ存在するのか私にはわからないが、そのことがダルクの開設を誰よりも賛成してくれたロイ神父への恩返しとなればよいと考えている。

第5章 ダルクの独立性

飯室　勉（仙台ダルク）

1　ダルクとの出会い

ダルクが１９８５年、東京荒川区東日暮里の倉庫を借りてスタートしてから、ちょうど今年（２０１８年）で33年になった。私がこのプログラムにつながったのは１９９５年なので今年で23年目になるが、ダルクの３分の2を見てきたことになる。その間、本当に数えきれない仲間がこのプログラムを通過して、また多くの仲間が命を落としていった。依存症当事者の観点からいえば、それまで薬物の問題は司法的アプローチだけしか知らず、意志や根性によって二度と使わない、そして身近な家族がそれを監視する、という形しかなかった。ましてや病気などというとらえ方は、このプログラムにつながってから初めて知ったことだ。二度と使わないために仕事を一生懸命こなし、反省をし続けて

1996年設立当初にオタワ愛徳修道女会から贈られた看板。20年、雨にも負けず、風にも負けず、しぶとく見守ってくれている。

家族や周りの人に迷惑をかけないことだと、そう信じていたことを思い出す。1994年の夏頃から約1年間受刑生活を送り、出所間近にあらためて「もう使わない」と刑務所職員の前で誓ったことを思い出す。

そして1995年5月12日、私はダルクにつながった。そこでは、まったく見ず知らずのやたらと人相の悪い人たちが、たまり場のような一軒家の中でゴロゴロしていた。仕事をするとかレクチャーをうけるなどということは全くなく、ただその建物の中でテレビを見たり会話したり、それで一日をやり過ごすことに「これでいいのか」と思いながら生活し始めた。夜になると何台かの車に便乗し、自助グループのミーティングに向かった。そこで何をするのかわからなかったので、先行く仲間に「何を話せばいいのですか」と尋ねると、「思ったことを話せ」と言われ、恐る恐る参加した。記憶が定かではないが、何回か回を重ねるうちに、過去の一番重苦しい記憶が頭をよぎり、ミーティングでそのことを口にすることができた。約2年半で数か所のダルクを渡り歩き、ボランティアスタッフをやりながらここ仙台ダルクで責任者という役割をやり続けている。そんな一つひとつを重ねて23年が過ぎ、今に至っている。

2　ダルク創設者・近藤恒夫の流儀

ここでダルク創設者・近藤恒夫の流儀を、私なりの解釈でここに述べてみたい。一つ目は、ダルクに来たいのであれば、どんな人でも受け入れるということだ。この敷居の低さがダルクの発展に貢献していることは間違いない。何度でもやり直しがきくという意味だ。それまでの日本社会では薬物依存者の受け皿は刑務所か精神科病院しかなく、それらを退所後、また社会の中で生きるしかなかった。その結果、再使用を繰り返す土壌しかない中で、ダルクという居場所ができたことによって助かる人が出てきた。そして、その助かった人たちが全国に広がり、今のダルクがある。仙台ダルクではどんな人でも最初は受け入れる。この考えは受け継いでいるが、一度仙台ダルクを自主退寮した人が再度入寮を希望してきた場合においては、この限りではない。そこに自己都合で退寮した際の内観や内省が見られなければ、何度入寮してきても同じ結果しか生まないことが多かったからだ。仙台ダルクは困ったときの宿屋ではない。

二つ目は、回復する人が出てくるだけでいい。これはわかりにくいので解説が必要だ。依存症者からすれば再使用して当たり前なわけで、回復のしようもないということが前提としてある。その「回

2000年頃まで近藤が乗っていたパジェロについていたナンバー

復しないのが当たり前」という前提の中で、時に「間違って」回復する人が出てくる。間違いだから、当然それほど人数は多くない。ここで言いたいのは、そのような前提でもダルクという受け皿を使って少しでも回復者が出てくればいい、ということである。余談をいえば、社会の中で生きていると、薬をやめて頑張っているモデルが見つけられないが、ダルクではそのようなモデルが目の前にいるということも回復の効果である。

三つ目は、自分が生きて他人を生かせの精神だ。薬物に溺れた人間は自立できていない。その自立しないまま生きてきた人間がまず自立をし、より世間にいる「大人」と同じレベルまで到達する。まずはここから始まる。一人の薬物依存症者が自立を果たすことで、その姿を他の依存症者に見せることによって、他の依存症者も少しずつ気づきを得ていく。湖面の波の輪が少しずつ大きくなるイメージである。その湖面の輪をまずは自分が生きることによって広げていく。これが「自分が生きて他人を生かす」ことと解釈している。

四つ目として、薬をやめる自由と使う自由がある。使うも使わないも個人の選択である。そしてやめた場合にはやめたなりの、使う場合には使ったなりの責任もその個人が負う。だから基本的には、いずれの自由も個人が選択できるのである。個人の選択の責任を他人に負わすことはしない。世間では使う自由は認めておらず、やめる自由を強制的に行使する。それが依存症者の居場所を奪い、生きづらさに耐えかねた結果が再使用である。そうであれば、むしろ使う自由もあるということを認めつつ、どちらを選ぶのが得策なのか、そこから依存症者本人に教え諭すことが求められているのではないのだろうか。現にダルクの中では使いたいと正直に話す人がいるが、使いたいと言ったから実際に使ってしまうとは限らないし、再使用してしまう人はむしろそのことを正直に言わないように思える。

五つ目は、来るもの拒まず、去る者追わず。ここでは「去る者追わず」をキーワードに話をするが、黙ってダルクを離れる仲間を無理に追いかけたり、迎えに行ったりはしないということだ。時おり、家族にどうしてもと頼まれてやむを得ず行ったりすることもあったが、これは例外にすぎない。世間一般からすると、最後（回復）まで面倒をみることがダルクの責任だと思う方たちが多くいるだろうが、その行為は「薬をやめさせる」という行為につながるので、それは行わない。ダルクはやめさせる場所ではなく、本人が二つのもの（使う、使わない）を見分け、回復するチャンスをつかみ続けられるかにかかっているからだ。

六つ目としては、世間に相手にされていなかったことが良かった。だからこそ自由に活動ができた。開設当初、社会には薬物依存症者が回復できる民間施設などというモデルは皆無で、責任者、スタッフ、むろん利用者の人たちも全くの手探り状態で始まったと聞く。モデルがないということは、この草創期の先輩方の苦労は想像を超えるものである。したがって、そこで決められることは全て責任者の感覚や思ったことであり、それが活動のベースになっていった。社会は依存症者に無関心で、薬物を使う者たちは狂気の人たちだと思われており、そこに理解や支援などはあり得なかった。その分、活動資金など本当に苦労したことと思うが、しかし近藤は、社会が無関心であったからこそ活動が自由にできたと言っている。

私が想像するには、これは近藤の強がりから出たことばではないかと思う。鞄ひとつで無茶苦茶な依存症者たちを何人も抱えなければならなかった苦労は計り知れない。そう強がってでもいなければ、やってこれなかったのではないだろうか。今の彼を見ていると、心底そのように思われてならない。

3　ダルクと一般的な組織の違い

１９８５年、東京ダルクがスタートし、名古屋、横浜、九州、大阪、沖縄、茨城と数年かけてダルクは少しずつ全国に広がっていったが、２０００年を境に15年間で一気に50の施設を数えるまでに拡大していった。そして２０１８年の現在、まさに北は北海道、南は沖縄までほぼ各都道府県に存在するに至っている。全ての施設に「ダルク」というのれんがついているわけだから、世間一般には組織化していると見えるに違いない。しかしダルクは簡単に言うと独立採算で、組織化されていない。最近、このことを近藤自身に確認してみたが、これは自助グループであるＮＡの伝統に基づいてやり続けてきたと言っていた。その伝統とは、「グループそのものは決して組織化されてはならない」という教えである。

ダルクは「当事者が当事者を支える」という基本理念に基づいて活動している。当事者だからこそ、回復へのプロセスでの苦労や苦悩を心底共有できるという最大の利点はあるのだが、当事者ゆえに「再発」の可能性は常にある。「上がこけたら皆こけた」の危険性が常にある。つまり、組織化しないことは活動に支障が出ることを避けるための絶対必要事項であった。しかし一方で、組織とみていたダルクが実は個人商店であると認識された時点で、相手（外部組織）の都合で取り込まれ一方的に利用される危険性もある。仮にそうだとするならば、相手との対等な関係を保持するために、その地域のダルク同士だけでも情報を共有し、共通の認識を持つことによって外部との対等な関係を維持していくことが必要なのではないだろうか。

４「横の関係」の問題点

薬物依存症者は社会から拒絶されており、依存症者同士が集うことによって自然と凝集性が高まる。そこではトップが社会との唯一の窓口であり、どうしても精神的に依存してしまう傾向がある。これが偶像化につながりうる。人間が人間を偶像化すれば、それはカルトであり、一歩間違えれば危険な道へと突き進む。また、薬物依存症者の持つ弱み（社会や人に迷惑をかけてきたこと、反社会的な行為を続けてきたことなど）に付け込んで、本人の親族に必要以上の金銭を求めたりするなど、トップの倫理観しだいでは間違った方向に向かってしまうこともある。過去の歴史では、そのような失敗や不幸な事実もあった。また、前述のようにNAにおいても「グループそのものは決して組織化されてはならない」と謳われている。この教えは、過去に政治的・経済的に利用された先人たちの失敗から生まれたものであろう。

ダルクでは、責任者と利用者という上下関係ではなく、同じ薬物依存症者同士、つまり対等な立場で回復と成長を目指す「仲間」という「横」の関係を大切にしてきた。しかし、最近ではこれが問題を作り始めているように思えてきた。個人間同士の関係だけでなく、ダルク間同士もまた「横」の関係である分、お互いの情報共有がなされにくい。個々の施設の行う活動や利用者数、スタッフ名など他ダルクには共有されていないことが多々あるわけだ。支配という間違いを犯さぬよう横の関係にこだわった結果、それぞれが関心を持ちにくいという、皮肉な結果を生んでしまったのである。

今後はダルクを支えていく全員で情報共有や分かち合いを深めていくために、地域でも全国でも一つのテーブルにつく「責任者会議」などの機会を設けていくべきではないかと思う。

5　これまでとこれから

近藤はダルクを創った理由の一番として「薬物依存症者の回復のためではなく、自分の回復のために仲間が必要だった」と言っている。また、仕事ではなく、あくまで自分の回復のために責任者やスタッフという「役割」が与えられているとも言う。

手探り状態の中スタートしたダルクだが、「やめたい人たちがいる」などという理想の施設とは程遠く、ルールを決めても守られず、まるで「アヘン窟」になりかけたとも語っていた。そんなとき、1日3回のミーティングだけをルールにし、その他には利用者たちの考えにまかせ始めたとき、回復者が出始めたらしい。そのようなところから施設の形ができていく。それでもより回復にプラスになることを考え、近藤たちは機会があるたび海外に出向き、様々な施設を訪問し刺激を受けながら現場に取り入れていったが、結局、日々起こる様々な出来事に対しては、その時の責任者やスタッフの判断だけを頼りに活動を続けてきたのだと思われる。

手探りの草創期が約10年、この頃の責任者を仮に「第一世代」と呼ぶとすれば、この後の拡大期の責任者を「第二世代」と呼べるかと思う。このような言い方が適切かどうかわからないが、第一世代と第二世代の線引きは、近藤と同じ釜の飯を食ったか否かによると私は考えている。私は食っていないので第二世代である。その拡大の流れとして、名古屋から始まり九州、そして茨城でプログラムを行った仲間たちが地域に広がり、ダルクの活動を始めていった。私はその中の茨城ダルクでプログラムをスタートさせたが、その時のメンバーは再発を繰り返し茨城に辿りついた仲間たちばかりだった。一癖も二癖もある個性の強いメンバーではあったが、そのバイタリティを持った彼らも全国に広がり活動を根付かせていった。彼らのもとにいたスタッフたちがさらに別地域で活動を始動させ、ダルクの輪は飛躍的に全国に広まっていくこととなる。

この頃、全国のほぼ半数の都道府県にダルクが根付いていき、さらにそこで回復を遂げた仲間の輪が広がることとなる。ダルクの「成熟期」であった。

社会から全く相手にされない草創期、バイタリティあふれる仲間たちが回復を信じ全国で孤軍奮闘した拡大期、少しずつ社会的認知を得ながらアメーバのように広がり続けた成熟期を経て、一定の認知を得たこんにちのダルクとなった。これからのダルクは「挑戦期」に入っていくこととなるだろう。

６　ダルクの独立性

これまでのダルクは責任者のパーソナリティによって地域に根付きながら、独特の活動を続けてきた。しかし、笑い話ではあるが、「ミーティング」や「恨みとコーヒーカップ」くらいの共通認識だけで、各ダルクが統一した価値観、概念を共有しないままできた感がある。ここに責任者やスタッフ、そして利用者自身の疑問や不安があるのではないだろうか。その疑問や不安を取り除くことはもとより、個人で判断しながら活動を行い続けるよりも、ベースとなる基本的な部分を共有しながら生きていくことの方が、より安心感と自信につながるのではないだろうか。「一枚岩」とまではいかずとも、バラバラの岩が少し寄り添いあえば流れ落ちる水量も少なくなる。つまり皆が安心して施設運営を継続していくことができる。

時に各地のリーダーと対話を持つ限りにおいては、リーダーたちは彼らなりに考えをしっかり持ち活動を続けていることがよくわかる。個人個人の想いや考えを一つのテーブルにのせ、議論を重ねていけば、きっと共通した価値観や概念が表立ってくるに違いない。それが今後の活動の礎になれば、これからもより成熟した活動が継続していくだろうと期待する。

薬物をやめたいという人たちがいる限り、ダルクは永遠に不滅だ。

7　まとめ

個人的な物語と、ダルクの3分の2を見てきた私なりのこれまでとこれからを綴った。そして、期待や課題にも少し触れてみた。私たちの活動は利用する仲間からの信頼だけでも足りず、社会に対しての信頼だけでも足りないのだと最近考え始めている。ダルクらしさと社会的責任、その狭間で悩みながらも、より良い活動になっていくことを心から期待する。

第2部

実践

第6章 初期施設でのプログラム
——藤岡モデル

山本　大（藤岡ダルク）

はじめに

藤岡ダルクは、NPO法人アパリ[1]が運営する男性専用の入寮型施設である。群馬県藤岡市にあり、市街地から車で約30分、標高約600メートルの山頂に位置し、近隣にゴルフコースもある。以前はゴルフ場利用客のためのホテルだったが、その後ホテルは閉鎖し放置してあったものを現大家がダルクに理解を示していただいたことにより、1999年より施設として使用することになり、現在に至る。

当施設を利用する人は、主に刑務所出所者、精神科病院を通じてくる者、直接家族のもとからくる者など、初めてダルクを利用する人たちが多い中、街中にあるダルクでは回復が困難な利用者に対しての再教育の役割も担っている。これは容易に薬を入手できない環境であるためでもある。

また同法人のアパリ東京本部[2]では、薬物事犯として逮捕された際に裁判時に関わる一括したサポート（司法サポート）を行っており、裁判所から保釈を許可された人に対して「保釈プログラム」[3]として保釈期間中に当施設を利用して治療プログラムを受けてもらっている。

現在、ダルクの数は国内外含めて80を超えるが、各ダルクによって様々な特色を持っている。医療との連携を重点におくダルクや地域福祉との連携を得意とするダルクもある。当施設は前述したように初期施設としての役割から、主に3つのことに重点を置いている。

1. 生活訓練（生活の安定および訓練、生活習慣全般の改善）
2. プログラム（薬物およびアルコール依存症に対しての動機付けおよびプログラムへの取り組み）
3. 就労支援（就労前の準備支援および就労支援）

である。

まず入所した際に、インテークと契約を交わしアセスメントを取る。主に9つの項目（薬物の使用歴、医療歴、職歴、犯罪歴、家族関係、暴力性、セクシャリティ、将来について、総合的な受け答え）に対し本人から聞き取りを行う。また支援者（家族等）にも支援者サイドから見た近況および生育歴を書いてもらい、できる限り本人の背景について把握する。

次に簡易的なＩＱテスト（新田中Ｂ式）を受けてもらう。ＩＱテスト自体はあくまでも簡易的なものであるので、数値によって全て把握することはできないものの、本人の特徴を知るきっかけとしては有効である。この際、著しく低数値がみられた場合は、医療側と連携を取り、病院において臨床心理士を交えてＢＡＣＳ（統合失調症認知機能簡易評価尺度）を実施し、必要とあればその他の検査等も行ってもらう。

ＢＡＣＳはもともと統合失調症の患者の機能評価を目的としたものであるが、認知機能の障害の程度や、患者の能力の特徴（得意、不得意）も知ることができるという利点があり、連携する医療機関では統合失調症ではない人にも実施している。

また生活状況を観察する中で、医師と相談しつつ本人の承諾を得て検査を受けてもらうこともある。これらはプログラムに入るにあたり、利用者本人にどのような特徴があるかどうか把握することによって支援する側が支援計画を円滑にはかる目的と、利用者本人が自身のことを理解するためにある。これらの情報を基に利用者に対する支援の方向性をスタッフ間の中で大きく２つ（薬物依存症からの回復支援を中心にするか、生活訓練を優先にするか）に分けて考え、本人の支援に取り組んでいく。

［アセスメント］

３か月ごとに個々のアセスメントを実施し、モニタリング（食事、睡眠、衛生・整理整頓、ミーティングおよびその他のプログラムの取り組み、他者とのコミュニケーション）および利用者本人から聞き取りをして反映させている。精神科病院通院の必要な利用者は隔週（状態によっては毎週）ごとにスタッフ同行で通院をしており、通院前日にスタッフ会議を行い、前回診察以降の施設内での生活状況について意見交換をし、チェックシートにスタッフ全員の見解をまとめ診察時に担当医師に報告をしている。これによって担当医師とより円滑な連携を築けるとともに、同行したスタッフの個人的な主観を避けることができる。

［オリエンテーション］

アセスメント後に利用者は、ビギナーズ・オリエンテーションを受けることになる。スタッフがパワーポイントを用い、これからダルクでどのような生活が始まるのか、ダルクで何をすべきか、回復においての優先順位、薬物依存症に対しての基本的な知識の習得、アルコールやサプリメントについて、ミーティングの意義、自助グループ（ナルコティクス・アノニマス、アルコホーリクス・アノニマス等）の必要性およびダルクとの違い、12ステップにおいてのスピリチュアリティとハイヤーパワーについて、ダルクでの生活の補足事項等の説明を受け、実際の「プログラム」に参加することとなる。

以前は入寮後すぐにグループ・ミーティングに参加し、ミーティングで仲間の話を聞く中で（若しくは実際の生活の中で）徐々にいろいろなことを覚えていったものだが、利用者によっては、こういったことに対し間違った認識またはわからない（興味を示さない）ままダルクでの生活を続ける利用者もときおりいた。そのため、やはり初期の段階でより詳しく説明を行うことが望ましいと考え、またプログラムを効率よく始めるためにオリエンテーションを実施することになった。これを行ったことによりある程度改善されたように思えるが、入寮時すぐは緊張または不安感が強いことにより頭に入ってこないことや、個々の利用者の理解度によって異なるので、1度のみならず何回か同じことを繰り返す必要性があると感じ、現在は最初の3か月の間に毎月一回実施している。

また「自分の取り扱い説明書」＝プロフィールを書いてもらう。「自分は人見知りの性格です」「大声で話しかけられると怖いです」「誉められて伸びるタイプです」「趣味、好きなアーティスト」など、できるだけ自分のことを他者に知ってもらえるよう、思い思い好きなことを書いてもらい、それを施設内の壁に貼る。書くことで自分自身を表現し、利用者同士がお互いを理解する手引きになる。

共同生活を送るにあたり、施設内の基本的なルールは施設全体の秩序を保つため（個人を縛るものではなく、利用者が安全に生活を送れるため）に原則利用者全員に守ってもらうが、回復のプロセスは個人個人違うものであり、支援上（個々の支援状況によって）適用されない場合もあることも認識してもらう。

共に生活をするにあたり「仲間」ではあるが、十人十色であるようにセクシャリティ、年齢、環境、能力など、様々な背景を持つ個性が集う中で「違い」を理解することでお互いを尊重する意識を持ってもらう。

基本的に施設の利用期間は入所から3年以内と定めてはいるが、個人によってまたはプログラムの進行状況によって期間は異なる。次のステップに移行する際は、利用者本人とスタッフおよび支援者との面談の上、双方が合意した中で方向性を定めていく。

1　生活訓練

この中では、日々のスケジュールを通し規則正しい生活習慣を身につけること、また施設内で利用者が各セクション（食事当番、施設内清掃、庭清掃、衛生、犬の世話、水道係、ボイラー係など）での役割を持ち、各々が週間スケジュールを、各セクション・ミーティングを通して計画を立てていく。また居室内で起こる問題やルールについては、まず各部屋単位で話し合い（ルーム・ミーティング）を持ち、施設全般に関わる問題点については、各部屋のリーダーが集まり話し合いをして意見をまとめ、週明けのハウス・ミーティングで解決をはかるようにする。

このような中で利用者同士が関わっていくことで、自主性、責任感、コミュニケーション・スキルを学んでいく。各役割、部屋は３か月に1度の割合で総入れ替え（入れ替えに関してはスタッフ間で計画）をする。これを行う理由としては、なるべく多くの仲間たちと関わりを持てるようにするためと、常時入れ替えがあることを利用者が意識することで、各自が荷物をコンパクトにするようになり居室内を清潔に保つことができることにある。

施設内において、ＴＣ（セラピュティック・コミュニティ）のような可視化された段階的なヒエラルキーはないが、部屋や役割でのリーダーおよびプログラムでのファシリテーター等を担うことで、より大きな責任と利用者同士による「仲間」という相互支援の意識を持ってもらう。

2　プログラム

(1)　グループ・ミーティング

当施設では「ダルク・ミーティング」と呼ばれるグループ・ミーティングを中心とし、様々なプログラムを導入している。

「ダルク・ミーティング」は12ステッププログラムを基に、約10人前後のグループの中で、司会者がその都度テーマを出し、利用者同士がお互いの経験を共有する中で、自身が薬物を使用した過去から（または使用する以前から）どのような問題があったかを検証し、内面を見つめると共に経験を共感する場である。またミーティングで話されたことは外部に持ち出さないことが原則である。

この中で特に重要なのは、他者の話に耳を傾けることと「正直に自分の話をする」ということである。通常初期の段階では依存症に対する否認が強いが、グループ・ミーティングに参加し、いやでも他者の話を繰り返し聞く中で、自身の経験を思い出しながら照らし合わせるようになり、その中で徐々に共通点や気づきを見いだせるようになる。自ら話すことも同様に、最初は良いことを話そうとしたり、強がったりするものだが、ミーティングの意義（分かち合うこと、安全な場であること）が認識できるようになると、自身の弱い部分や問題点を正直に話せるようになる。これはグループとしての相互作用によるものと言える。

ミーティングの形式は、本人が話したことに対し、他者が意見を挟まないというルールの基で行われる「言いっぱなしの聞きっぱなし」と言われるミーティングから、司会者を交えてディスカッションをしていくもの、Ｑ＆Ａ形式で行われるものもある。「言いっぱなしの聞きっぱなし」のミーティングは、自身で問題を気づいていくものであるが、ディスカッションやＱ＆Ａは司会者を中心として「気づき」を促進する役割としてある。

また４～６人で行われる「スモール・グループ・セッション」、これは日常生活の中で起こることからトピック（例：精神科から出る処方薬の必要性、セルフケアの仕方、服装についてなど）を出してディスカッション形式で行うものである。「ビッググループ・セッション」では先述した少人数でのセッションと違い全員で参加するもので、ブレインストーミング[4]やＫＪ法[5]など活用しグループごとにアイデアを出し合う形式で行われる。

（２）12ステップ・ガイダンス

ダルクの目的の一つに外部の自助グループ（NA、AA等）[6]に繋げていくことがある。ダルクを出たあともアフターフォローとして利用してもらう意図である。そのために当ダルクではほぼ毎日のように自助グループに参加してもらい、その中でのミーティングに慣れてもらうことや、サービス（役割）を持つこと、仲間を増やすことを奨励している。

もともと12ステップはAAから始まったものであり、どのダルクでも12ステップをベースとしてミーティング等を行っている。12ステップに関し、過去においては翻訳された文献が少なかったり、個々の主観によって捉え方が微妙に変わることもあり、実際にどのように実践するかやり方がわからないという利用者の声も多々あった。また「神」や「スピリチュアル」、「ハイヤーパワー」などの表記によって宗教的な印象を受けて嫌悪感を示し12ステップに対し拒否感を持つ者もいた。

こうしたことに対しビギナーズ・オリエンテーションでも簡単に取り上げてもいるが、このガイダンスでは自助グループの書籍を引用しながら、それぞれのステップにおいてより詳しい説明をしてディスカッションをし、ワークを行ってもらう。ここでは主にステップ１から４を重点的にしている。社会に出た際に自助グループの中でスポンサーを持ち実践するまでの間に12ステップに対する理解を深めてもらうための一助となるプログラムである。

（３）認知行動療法

２０１３年よりＳＭＡＲＰＰ（※藤岡ではタイトルを変えＦＵＪＩＯＫＡＲＰＰ＝Fujioka DARC Relapse Prevention Program）を国立精神・神経医療研究センターと他のダルクの協力も得て導入している。これはもともと認知行動療法の志向を持つ薬物依存症のための外来の治療プログラムであるが、依存症の知識や対処のためのスキルを習得するのにダルクの中のプログラムとしても有効である。

これらは少人数で、いつもと雰囲気を変えて（ちょっとしたことだがいつもと違う場所で行う、テーブルを並べること等）行う。ファシリテーターが先導し、ディスカッションしながら引き出すので、グループ・ミーティングが苦手な利用者（自身の内面を言語化することが苦手、人前だと極度に緊張するなど）から、この中では割と積極的になれるという声もあった。またテキストを使うことにより、ワークをこなしている感があるという意見もある。何回も繰り返すことで最初に感じたことと比較して変化を見ることができる。

（4）アサーティブ・トレーニング

もともと他者とのコミュニケーションや感情を表現することが苦手な利用者も多い。ついつい感情的（怒り、語気を強める等）になりすぎたり、もしくは無感情（自分自身がどういう感情なのかわからない）であったり、「調子が悪い」「死にたい」という短絡的な言葉ででしか表現できない利用者もいる。このような表現だと相手側も困惑し、傷つくこともある。そのため感情的にならずに要求や意見を無理に押し通すことなく、誠実に表現できるようにアサーティブ[7]・トレーニングを外部から講師を招聘して取り入れている。状況を設定しながら（施設内で起こりがちなこと＝何かをお願いすること、断ること等）ロールプレイングを通してコミュニケーションを実践してみる。

　また他者が行っているのを見ながらお互いがフィードバックをし、言葉だけではなく、振る舞いや表情、声のトーンによる表現も学んでいく。前述した表現でも「～が原因で調子が悪い」「死にたくなるほど～の状況がつらい」など表現の方法、言葉を変えるだけでも伝わり方が違ってくる。アサーティブ・コミュニケーションによって、相手を尊重することを学び、状況を客観的に捉えるようになり、効率良いコミュニケーションがはかれるようになるのが目的である。またエンカウンター・グループを行うにあたっても効果的である。

(5) エンカウンター・グループ

エンカウンター・グループは、国立精神・神経医療研究センターでの治療共同体研究会と他のダルクからの協力で始め、施設内では月に数回行われている。10人以内の参加者とファシリテーターで構成され、参加者の一人がトピックを出し、その内容について他の参加者が様々な角度でトピックを出したものに対し質問をする。その後全員からフィードバック（自身の経験や共感など）をもらい、最後にトピックを出した本人が気づいたことや感想を述べ、自身でできる提案を一つ伝える。

　この中で重要なのは、相手を尊重しつつ、トピックを出した参加者を裁かないこと、意見を押し付けないこと、相手を変えないこと、結果や結論を求めないことである。これはグループの相互支援による解決力を失わせないためで、成長を促す目的がある。通常のグループ・ミーティングとの相違は、グループ・ミーティングでは自身の内面を見つめ他者からの話を聞くことによって、自ら「気づく」

ことであるが、エンカウンター・グループでは、グループからの質問やフィードバックにより他者から直接的に「気づき」を得ることができる。

⑹ 予防教育

利用者の中には注射器の回し打ちや性交渉によりC型肝炎やＨＩＶに感染している者もいる。「一緒のお風呂に入るとうつるの？」「口をつけたジュースを飲むと感染するの？」など、単純に知らない利用者も多い。

ダルクで共同生活を送るにあたり、感染症について間違った情報しか持っていないことにより問題も起こりかねない。特にＨＩＶに関しては未だ一般人も含めて社会の中では誤解や偏見も多いようだ。こういったことを予防するため、またお互いが安全に生活を送るために、不定期ではあるが外部から講師を招いて感染症の予防教育を行っている。この中では、感染症のリスクや予防の他に注射器の正しい洗浄の仕方などもレクチャーしている。これは決して薬物使用を促すものではなく、ハームリダクション[8]の概念を基に行っているものである。正しい知識を習得することで、今後施設内での生活または社会生活を営むにあたりどのようなことに気をつけていくかを学んでいくことができる。

ダルクでの生活ではできるだけ十分な食事を提供している。これは薬物依存症の特徴としてＨＡＬＴと言われるもの（Hungry＝空腹・Angry＝怒り・Lonely＝孤独・Tired＝疲れ）が薬物の再使用に大きく関わっていると知られている中で、日常的にお腹が減らないよう配慮しているものである。しかし、その反面食べ過ぎによる生活習慣病予備軍も増加してきた。これらを防止するために、医師の指導の基に生活習慣病の予防教育も行っている。

（7）カルチャー・プログラム

薬物・アルコールなどの長期使用によって損なわれた想像性を取り戻すため、カルチャー・プログラム（音楽・アート、琉球太鼓、仏画）を行っている。音楽かアートの選択は利用者本人による。アート・プログラムは、絵画、工作等を通し五感を養い、自由な表現の中で自分の内面と対話し表現力を育んでいくものである。音楽プログラムは主に管弦楽器を中心にギター、ベース、ドラム、キーボード、パーカッションの構成で、音楽を演奏する際の生理的、心理的、社会的な効果を応用して、心身の健康的な回復、向上をはかる。

仏画は、約6年前より群馬県更生保護女性連盟の方々の協力によって始めた。これは仏画そのものを描くのでなく、手本となる絵をトレーシング・ペーパーでなぞり、縁取りしたものに色を塗っていく作業である。色の使い方、塗り方でそれぞれの個性が出る。また完成した絵を近隣の美術館で展示してもらう機会もあることから、目標を持つことができる。またヨガのプログラムも月一回行っている。

薬物やアルコールをやめ続けていく中で、薬物やアルコール抜きで新しいことに取り組む気持ちを持つこと、楽しむことも練習が必要であり、これらプログラムを通して育んでいく。またこれは全て外部からの講師の方々によって行われており、講師との交流を持つことで一般社会での人との接し方を試す機会にもなっている。

沖縄の伝統芸能である琉球太鼓（エイサー・プログラム）はもともと沖縄ダルクで始まったプログラムである。沖縄ダルクの後援会会長だった方が、創作太鼓集団の「琉球國祭り太鼓」の会長もしていたため、ダルクでもプログラムとしてエイサーを取り入れてはどうかという薦めもあり始まった。

現在は当施設も含め、多くのダルクでもプログラムとして取り入れている。日々練習を積み重ねる中で利用者同士のコミュニケーションを育み、多くの人の前で演舞を披露し喜んでもらうことで自己肯定感が向上し、地域の人たちとの交流の中で社会との接点を感じるのに効果的である。老人ホーム、障害者施設での慰問活動や地域の行事などでの公演を通し、利用者に社会貢献の場を提供している。

3　就労支援

面接の指導、履歴書の書き方の指南もし、利用者の希望により通信教育（大学、専門学校、介護ヘルパーの資格など）を受講することも可能である。施設での基本的なプログラムが修了（藤岡ダルクでは基本的に断薬、断酒期間継続が一年以上で、かつ生活状況が安定し、アセメントを基にスタッフ間と本人と支援者の同意による）と認められた場合、本人の希望を主体に就労プログラムに入る。これは利用者が自身でアルバイトニュースやハローワークなどの情報ツールを利用し探してもらうことになる。当施設では通常就労プログラムに移行する際は、施設の立地条件や市内での就労事情をかんがみて、都心部のダルクへの施設移動を推奨しているが、本人の希望があれば県内もしくは藤岡市内での就労も可能である。

就労が困難な利用者に対しては、利用期間中に障害者手帳を取得し区分認定を受け、作業所およびグループホームへの入居の支援も行っている。ここでもある程度の断薬、断酒期間の継続は重視しており、２年以上を目安としている。理由としては、これら断薬、断酒の継続期間が認められることにより、次の移行先が見つけやすくなることにある。

また新しい試みとして、就労が困難かつ外部での居宅が難しい利用者に対し、本人の希望により施設内の独り部屋を提供している。これは「入寮」という形から「入居」に移行するためで、施設でのプログラム参加および外出、外泊も自由である。ただし入居の条件として、最低限の身の回り、金銭および服薬の管理がある程度自身でできることにある。現在３名が入居しているが、プライベートな空間が確保されたことと自由な時間が増えたことによって、入寮時よりも生活や精神的なものが安定してきている。

まとめ

近年、薬物依存症からの回復を目的としてダルクに来たものの、なかなか生活自体も安定せず、通常のダルクでのプログラムに乗ることができない利用者が増加しているように感じる。この背景として、実は依存症以外に精神障害または知的障害や発達障害など重複した障害を抱えているが、周囲が気づかないまま見過ごされていた、または今までそのような検査をしていなかったことがあると言える。上記したＩＱテストからの流れで中度の知的障害が発覚したケースもあった。

このように検査等のアプローチをすることによって利用者本人および家族、関係者にもどのような問題があるかを認識してもらうことで、今後の支援の計画が立てやすくなるとともに、ダルクスタッフ自身がそのような利用者とどう関わっていくかの心構えもできる。これらのことから、初期の段階で検査およびアセスメントしていくことは重要であると考えている。

また、以前当施設では回復のためのプログラムと呼べるものがグループ・ミーティングしかなかったが、前述したように様々な問題や障害を抱えた利用者が多くなってきた中で、グループ・ミーティング以外のアプローチも必要と強く感じ、様々なプログラムを取り入れ試みてきた。新しいプログラムを導入する際は、まずスタッフが研修等を受けて実践し、実施に向けて事前に準備をする。

実際に実施した中で残ったプログラムもあれば、施設にフィットしないプログラムもあり、現在のプログラム構成になるまでは多くの時間を費やし変更を加え今に至った。このようにプログラムに多様性を持たせることによって、利用者本人に合ったプログラムを構築することができると考えている。

当施設は立地条件からして、初期の段階において薬物・アルコールから距離を置くには最適な環境と言えるが、その反面森閑とした場所であるが故、閉塞感を感じさせないようにこれらのプログラムを充実させていく必要性があった。また導入することでスタッフおよび利用者に対しても何かしら刺激となり、施設内に適度な緊張感を持たせることができる。今後も利用者の回復にとって効果的なものがあれば、積極的に取り入れていく予定である。

これらプログラムに携わっている中で感じることは、どのプログラムも良いものではあるが、それぞれ単体で飛躍的に効果を示すものではなく、組み合わせることで利用者がプログラムに対して何らか興味が持てるようになり、またその中で様々なことを経験しかつ共有することで利用者同志およびダルクスタッフとの信頼関係を育んでいけるかが、重要な意味を持つと言える。

信頼関係を築くことで、施設内（コミュニティ）での「仲間」としての意識が深まり、ダルクでよく言われる「仲間の手助け」＝当事者活動／ピア・サポートとしての効果が活かされ、またこの関係性を保つことで利用者は施設退寮後も何かあれば相談できるようになる。ダルクに来て継続した関係性を維持できるようになれば、同様にクリーン（断酒、断薬）を維持できる可能性も高くなるとともに、依存症者の孤立を防ぐことにもなる。これこそがダルクとして本来の目的であると言えるだろう。

【注】

（１）ＮＰＯ法人アパリの正式名称は、特定非営利活動法人アジア太平洋地域アディクション研究所である。英語表記Asia Pacific Addiction Research Instituteの頭文字ＡＰＡＲＩから「アパリ」という略称で親しまれている。

アパリは２０００（平成12）年2月に設立され、既存の医療・司法システムの考え方にとらわれず、国境を越えてアディクション（病的依存症）の予防・回復支援に必要な情報、プログラム、人材の育成、ネットワークの構築を目指している。当初は、医師、弁護士、マスコミ関係者、教育関係者、研究者等の専門家たちがシンクタンクを作ってダルクの活動を側面から支援することを目的として設立準備にかかわってきたが、設立後は、警察庁、検察庁等の取締機関側の要職を歴任したメンバーが理事に加わり、さらに、各機関との連携が深まっている。事業形態はアパリ東京本部、藤岡ダルク、木津川ダルク、の3つから成り立っている。理事長はダルク創設者の近藤恒夫である。

（2）アパリ東京本部の活動内容は、①薬物事犯者に対する包括的な司法サポート、②家族教室の開催、③電話・来所による相談業務、④研究・啓発活動、⑤国際協力活動、⑥ニュースレター「フェローシップ・ニュース」の発行、⑦講演活動、⑧諸機関との連携、⑨唾液検査キットの販売、⑩贖罪寄付の受け入れ、などである。

（3）裁判段階では保釈プログラムといって、保釈を許可された人にその期間、アパリと連携しているダルク等の施設に入寮し、プログラムを受けてもらい、その進捗状況を裁判で評価してもらう。保釈が取れない人には通信リハビリプログラムを提供している。

（4）ブレインストーミング（Brainstorming）とは数名のグループで一つのトピックに対して、お互いが意見を出し合うことで新しい発想やアイデアを誘発し、問題の解決のヒントを生み出していく技法である。

（5）ＫＪ法は、ブレインストーミングなどによって得られた発想を整序し、問題解決に結びつけていくための方法である。ＫＪ法という呼び名は、これを考案した文化人類学者、川喜田二郎氏のアルファベット頭文字からとられている。

（6）ＡＡ（アルコホーリクス・アノニマス）は、経験と力と希望を分かち合って共通する問題を解決し、ほかの人たちもアルコホリズムから回復するように手助けしたいという共同体である。

・ＡＡのメンバーになるために必要なことはただ一つ、飲酒をやめたいという願いだけである。会費もないし、料金を払う必要もない。私たちは自分たちの献金だけで自立している。

・ＡＡはどのような宗教、宗派、政党、組織、団体にも縛られていない。また、どのような論争や運動にも参加せず、支持も反対もしない。
・私たちの本来の目的は、飲まないで生きていくことであり、ほかのアルコホーリクも飲まない生き方を達成するように手助けすることである。
（※ＡＡゼネラルサービスより）

ＮＡ（ナルコティクス・アノニマス）はＡＡから派生した薬物依存のための自助グループ。

（7）アサーティブ（Assertive）」の訳語は、「自己主張すること」。しかし、「アサーティブであることは、自分の意見を押し通すことではありません。自分の要求や意見を、相手の権利を侵害することなく、誠実に、率直に、対等に表現することを意味します」（※アサーティブジャパンより抜粋）。

（8）「ハームリダクションとは、英語で害（ハーム）を減少すること（リダクション）を意味します。ドラッグ使用により生じうる害は様々ありますが、たとえば、依存症、過剰摂取、感染症、そして、命を落とすことなどが挙げられます。そうしたダメージを防ぐ実用的・効果的なプログラムとして、ドラッグ使用のための衛生的なグッズを配布したり、より安全で健康的な使用となるように情報やカウンセリングを提供することなどが実践されています。ハームリダクションとは、公衆衛生政策の重要な考え方であり、サイエンスに基づく健康政策であり、そしてソーシャルワークの戦略・技法なのです」（日本薬物政策アドボカシーネットワーク／ＮＰＯ法人アパリ）。

第7章

回復支援施設における階層式プログラムの実践

栗坪　千明（栃木ダルク）

はじめに

私は、ダルクで薬物依存から回復した当事者であるにもかかわらず、実は開設当初、回復はプログラムによってではなく、個人の回復力にあると考えている節があった。依存症は自分自身の努力でのみ回復すると思っていた。一部にそれはあるかもしれない。だが自分は勝手に回復したのだろうか、そうではない。

まずダルクにつながるための経路があった。それは家族であったり、病院関係者であったり、それ以前の警察官の判断であったりする。そしてダルクにつながってからは仲間の存在であり、考え方の指標である12ステップであったりした。やがて薬を使わなくなり、回復継続のためにはNAがあり、ダルクのスタッフとなって、ビギナーの支援をすることによって、役に立っているという実感があった。それらは全てダルクに与えられたものである。自分の回復力などたかが知れている。

ただ、栃木ダルク開設当時、日本には回復プログラムは絶望的に少なく、自分より前の回復者にしがみつくことによって回復は与えられるかのように見えた。自分たちで常に実感できる回復支援プログラムをつくり、その場をつくろうというのが、海外研修をつづける原動力となった。

1　栃木ダルクの沿革

栃木ダルクの自己完結型階層式プログラムの導入がなぜ必要だったのかについては、開設から現在までの時間的流れを見る必要がある。そのため、特にプログラム構成に大きな要因となった出来事を沿革としてまとめたい。

2003年2月、依存症の回復支援施設として栃木県那須町に開設、地域の反応を気にした建物オーナーの希望で、ダルクという呼称は使わず「那須ケアセンター」とした。避暑地というのどかな地域性を生かした回復初期型の施設としてスタートしたが、開設当初から社会復帰に対しての地域的な不利を抱えていた。

2005年、米国サンフランシスコのWalden Houseやニューヨークの DAYTOPなどの治療共同体（トリートメントセンター、以下TC）を研修する機会に恵まれ、階層化されたシステムの有効性に触れる。時間の限られた研修であったが、栃木ダルク5 stage systemを構築していく上で大きな足がかりとなった。

同年、黒羽刑務所内の薬物依存離脱指導に参加開始。２００６年1月、開設当初から必要性を感じていた後期型（社会復帰）の施設を、同じ栃木県の県庁所在地である宇都宮市に開設。宇都宮市は人口約50万人の都市であり、周囲には自動車関連、家電関連等の工業団地があり、就労活動には適している。また那須ケアセンターとは車で約1時間の場所にあり、施設同士の連携にも適している。宇都宮の施設の開設により、那須を那須トリートメントセンター（以下那須ＴＣ）、宇都宮を宇都宮アウトペーシェント（以下宇都宮ＯＰ）、宿泊施設として宇都宮レジデンシャルホーム（宇都宮ＲＨ）として、それぞれに責任者を配置、全ての統括機関として栃木ダルクを設けた。

上記のことにより、治療共同体をモデルとした5段階の階層システムを取り入れることが可能になり、初期の那須ＴＣを断薬モデルとして1st, 2nd, 3rd stageを、後期の宇都宮ＯＰ、ＲＨを社会復帰モデルとして4th, 5th stageとし、stageに相対して役割の階層（現ロールモデル）も取り入れた。

２００７年、喜連川社会復帰促進センター内の薬物依存離脱指導に計画段階から参加。

２００８年5月、プログラムの開発と、社会的なニーズに対応するために統括機関である栃木ダルクは特定非営利活動法人栃木ダルクとして宇都宮市の認可を受け、以降、県の委託事業、刑務所内での薬物依存離脱指導、アディクションカウンセラー養成事業、３施設へプログラム提供をする役割を担っている。

２００８年、県薬務課委託事業、初犯執行猶予者に向けた再乱用防止教育事業開始。

２００９年12月、那須ＴＣの建物を那須町内に移転、４００坪の敷地と１１０坪の建物で以前より広くなり、定員が27名となった。

２０１０年4月、コミュニケーション能力の乏しい、精神的な成長の伴わない、または高齢（55歳以上）であるなどの理由で5 stage systemだけでは回復困難なメンバーを対象として、農業をプログラムの中心に据えた施設を栃木県那珂川町に開設。那珂川ＣＦ（コミュニティファーム）とする。

２０１２年1月、かねてよりニーズの高い女性向けの施設を開設した。安全な場所という意味のピースフルプレイスという名前で15人定員、暴力被害者という側面も持つ女性依存症者の受け入れが可能となった。

２０１２年4月、これまでの5 Stage Systemを改良し、3 Stage Programに変更、３段階の階層プログラムとなり、12 Step（ＡＡ、ＮＡなど）の要素をこれまでより多く盛り込んだプログラムとなった。

２０１６年4月、県南に2nd Stage Centerを開設。これにより那須ＴＣが1st Stage Center、宇都宮ＯＰが3rd Stage Centerとなった。プログラムの名称をそのまま施設名として、階層型の特性がより明確になった。

２０１６年6月、これまでの長期入所型プログラムに加え、短期集中プログラムを実施、様々なニーズに応えられるようになった。

２００３年の開設から13年が経ち、階層式導入がプログラム構成、他機関連携において大きな役割を果たしてきている。現在では他機関連携が多種多様となり、自己完結型からより進化した「多機関連係型階層式プログラム」となっている。これについては詳しく後述してあるので参照してほしい。

図1　栃木ダルクの利用者数

2016年度統計

年間平均利用者数　55.6名

男性　44.6名　　女性　11名

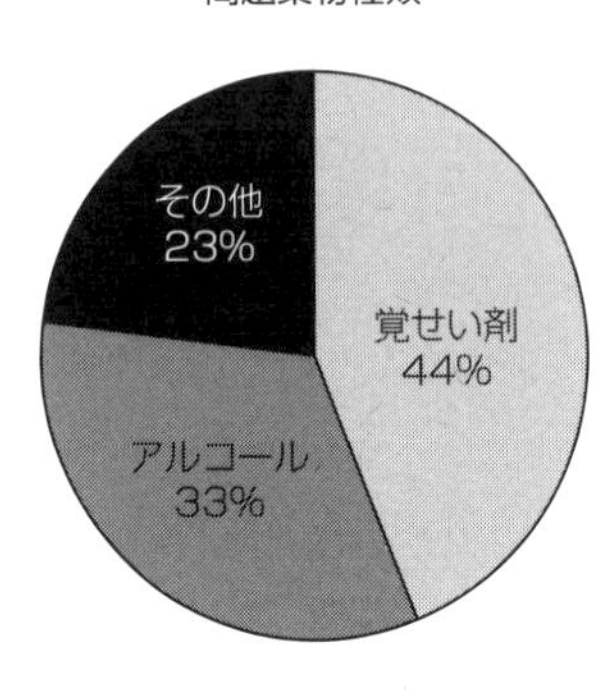

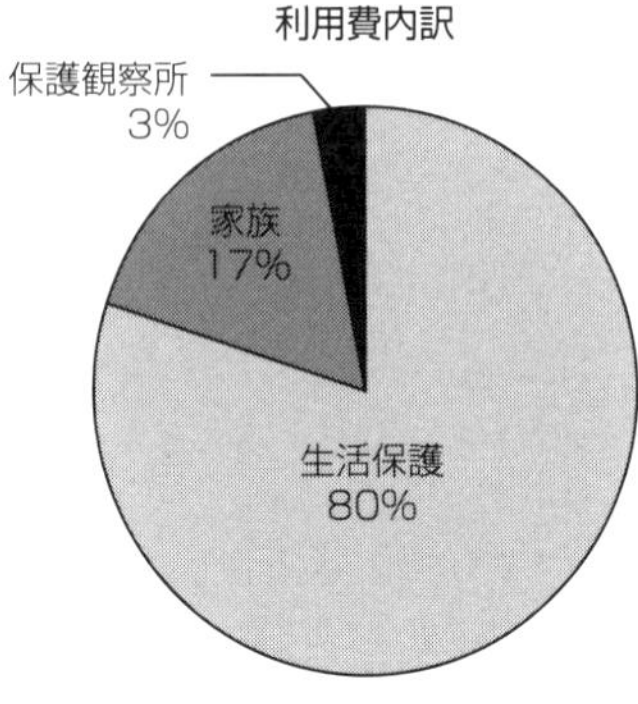

2　利用者の動向

プログラムについての本題に入る前に、近年の栃木ダルクにおける利用者の動向について簡単に説明していきたい。

２０１６年（図１）の栃木ダルク（５施設）の平均利用者数は55・6（男性44・6、女性11）名であった。入寮時における問題薬物の種類は覚せい剤44％、アルコール33％、その他23％（精神薬・市販薬・大麻等）。少し前に流行した危険ドラッグは相談件数としてはほぼゼロである。

利用費の内訳としては生活保護受給者が80％、家族負担が17％、自立準備ホームが3％であった。この10年の間に生活保護者の割合がとても多くなっている。

続いて２０１７年６月１日現在（図２）の出身地別で見ていくと栃木県が61％と最も多く、続いて関

図２　出身地別入寮者数

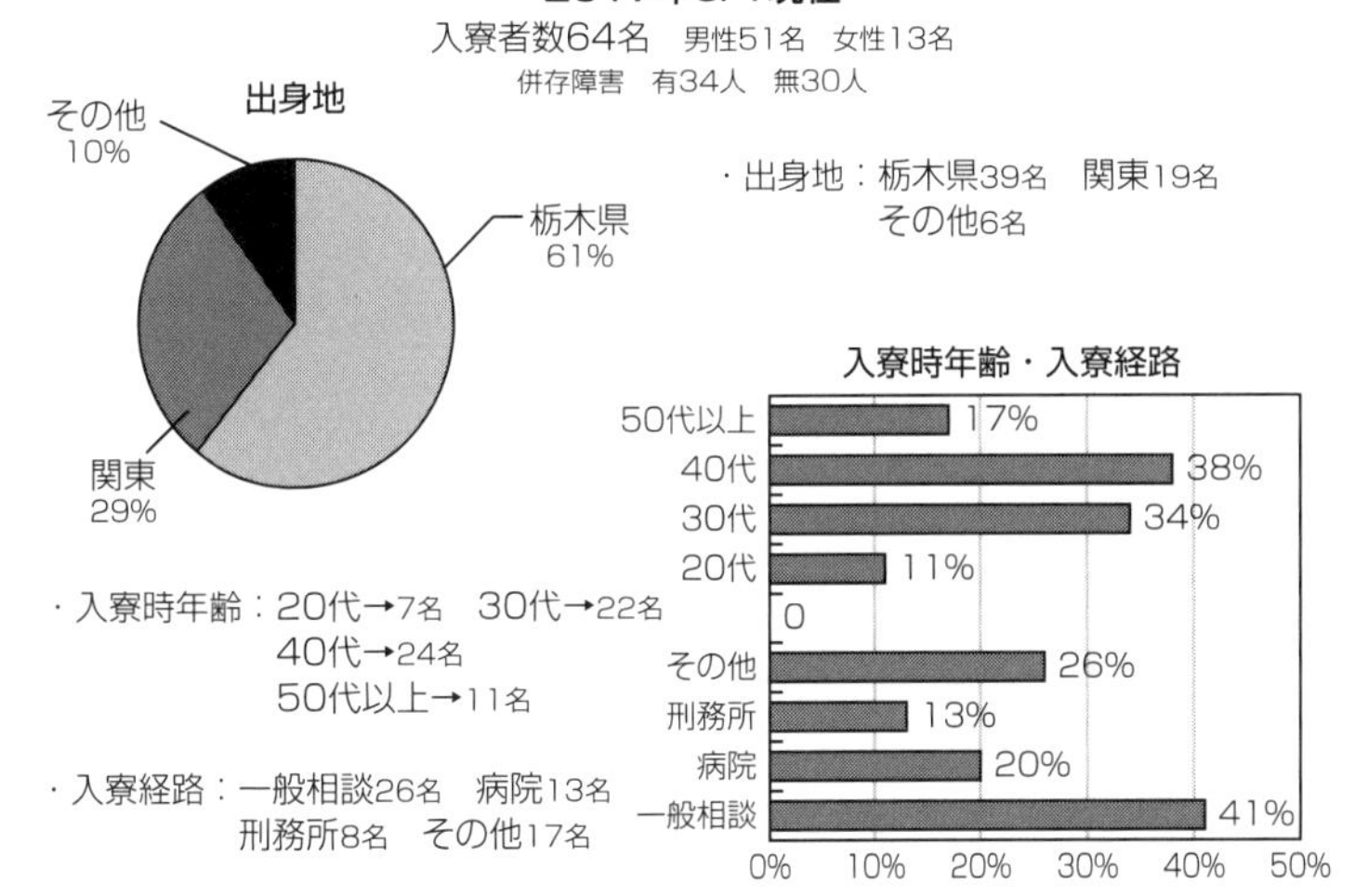

図３　検挙・服役経験

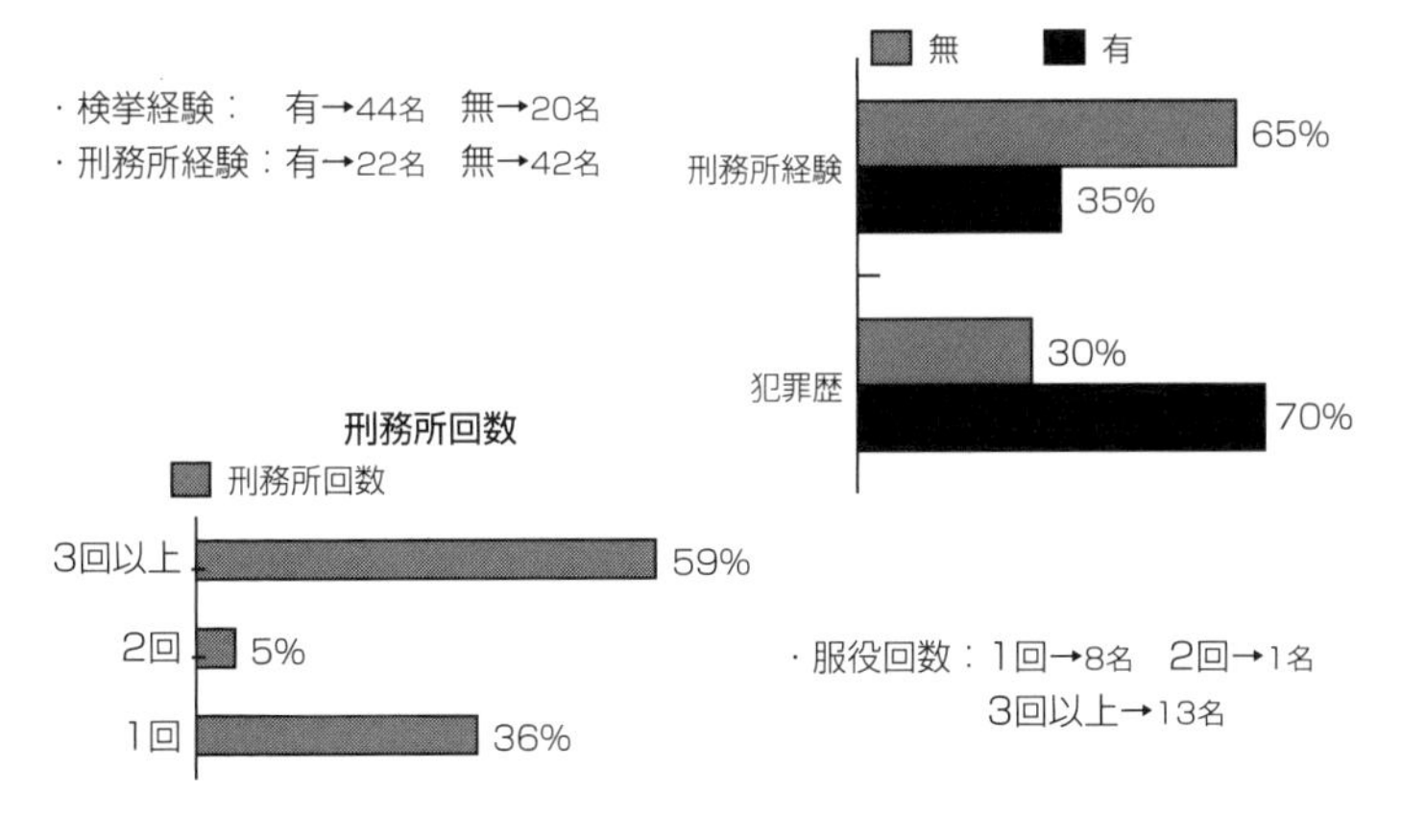

東近県が29％と関東がほとんどを占めている。年齢別で見ると40代が24名、30代が22名と主流で50代以降が11名（範囲が広い）、20代、10代は少人数となっている。30代、40代が大半を占めるが、特に40代は、第3次乱用期に使用を開始した年代で、いかにつながるまでに時間が経過しているかが読み取れる。栃木ダルク入寮に至るまでに何度服役したかの質問には（図3）、「なし」が42名と65％を占めており、犯罪歴あり70％と合わせて考慮すると初犯から再犯の間の利用者が多いことがわかる。

3　理想的な回復とテーマ

栃木ダルクの考える回復のテーマとしては3つある。

①アディクトが互いに自ら回復するための場とプログラムを提供する。
②社会復帰後も自ら継続したケアができるよう支援する。
③回復動機は気づきによっていつか芽生える。

私たちダルクの起源は自助グループにあり、その中核はミーティングと呼ばれるピアカウンセリングにある。アディクトは治療を受けることを嫌い、自らを治療することによってのみ回復するという考えのもとに成果を上げてきたのである。従ってダルクの職員は治療者ではなく回復するための道具と場所を準備する役割を担っていると言える。

回復は一時的な断薬よりも、プログラムから離れないことによってもたらされる。回復し続けるということはダルクのプログラムから離れた後も、別のプログラム（自助グループ等）につながり続けることでもある。

再使用の引き金はどんなに薬から遠ざかっていても、何気ない日常の中に潜んでいる。どこかでばったり昔の薬仲間に出会ってしまったり、薬を使っていた頃によく聞いていた音楽が街中で聞こえてきたり、または人間関係のトラブルなど様々だ。私たちのプログラムの強みは欲求の入らない人間になることではなく、入った時にどう対応するかにある。

ダルクにつながる動機は、ほとんどの場合「回復したい」ではない。仮釈放欲しさからだったり、経済的な破綻であったり、本人の尻拭いや暴力に困り果てた家族の強い勧めによってであったりする。最初から回復動機があるメンバーは残念だがほぼいない。これはこの病気特有の否認からくることであり、驚愕すべきことではない。どんな理由（適量使用など）でもよいから回復の場につながることが重要であり、そこに居続ければ仲間の回復していく姿や体験の共感から、いつかは必ず回復動機は芽生える。そして真摯にプログラムに取り組むことにより、必ず回復はするのである。

つまり理想的な回復（図4）とは例えば刑務所に収監されていたり、精神症状が深刻になり病院に入院していたりしても、薬物依存症についての情報提供や導入期のプログラムを受けることができ、その後はダルクなどの専門的に回復支援を行っている施設につながり、社会復帰後も自助グループや継続支援機関につながり続けるというものであり、できれば後進のメンバーの手助けができるようになるとより回復は堅固なものになるであろう。

また理想的な回復をしていく上で重要な役割を担うのは家族の存在である。家族の関わり方によっ

図4　理想的な回復の姿

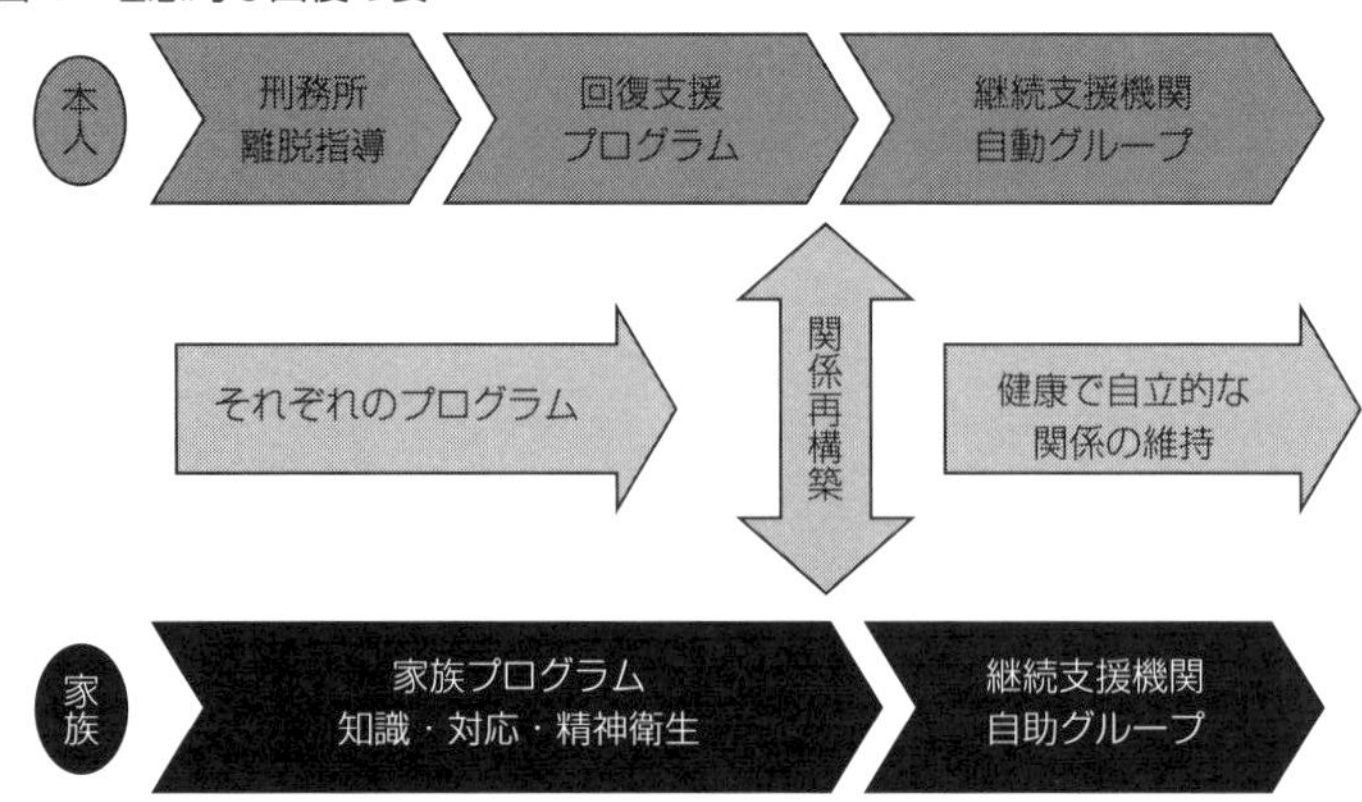

ては、回復継続を促進する場合もあれば、逆に再発のリスクが高まる可能性が大きいからである。つまり家族プログラムに参加しているか否かは、その後の回復継続期にはとても影響が大きい。本人と積極的に関わっていきたいという家族にはなおさらである。

近年様々な機関で家族のサポートが行われている。このような場に参加し、家族自身、心身の健康が維持できていて、依存症についての知識と本人への対応を学び、継続支援のサポートを受けられるような状態で、本人の社会復帰前に家族関係の再構築を図り、社会復帰後も互いに心身とも健康で自立的な関係が継続されていくことが、栃木ダルクの考える理想的な回復である。

4　階層式プログラム

栃木ダルクの大きな特徴として、米国の治療共同体を参考として回復に階層を取り入れたプログラムの運用がある。なぜこのような形が必要であったかというと、栃

図５　栃木型階層式回復支援施設とは

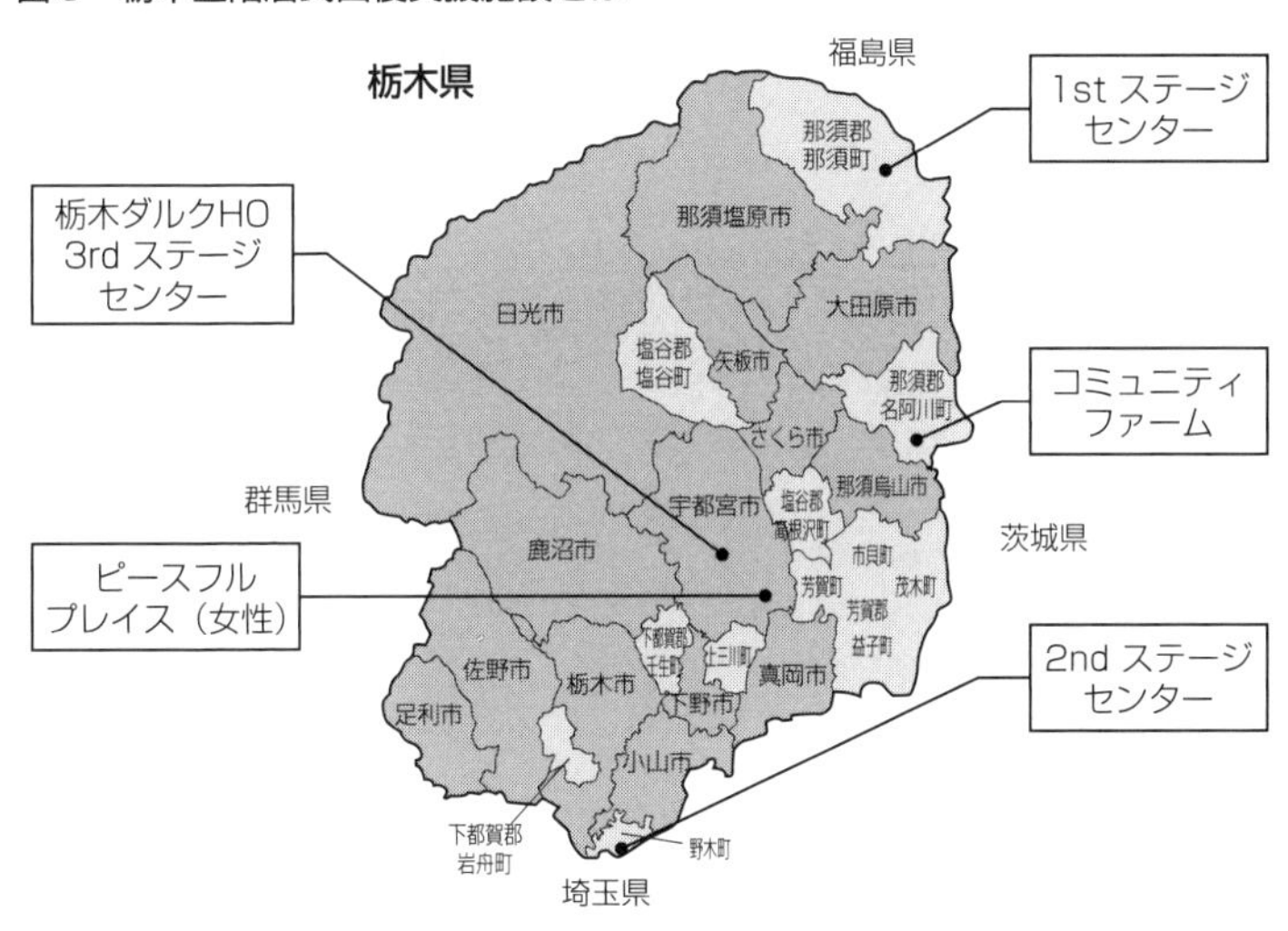

木ダルクが開設した２００３年当時は那須町に一つの回復導入期型施設のみという形態であった。栃木県の中心部からは遠く離れており、沿革にも示した通り、回復に必要な相談機関や病院、保護観察所との連携が取りにくいという環境にあったため、自己完結型のプログラムを必要としたという歴史からである。現在は様々な機関との連携が実現している。

現在、栃木ダルクは５施設を運営している（図５）。それぞれが役割を分担し全体で成果を出すという仕組みである。本部（ＨＯ）を県庁所在地である宇都宮市に設置し、男性施設は那須に１stステージセンター、野木に２ndステージセンター、宇都宮に３rdステージセンター。また高齢および重複障害者用の施設としてコミュニティファーム。女性施設は宇都宮にピースフルプレイス（全階層）と、役割の違う５つの施設を全県域に配置している。

図6　3ステージプログラム

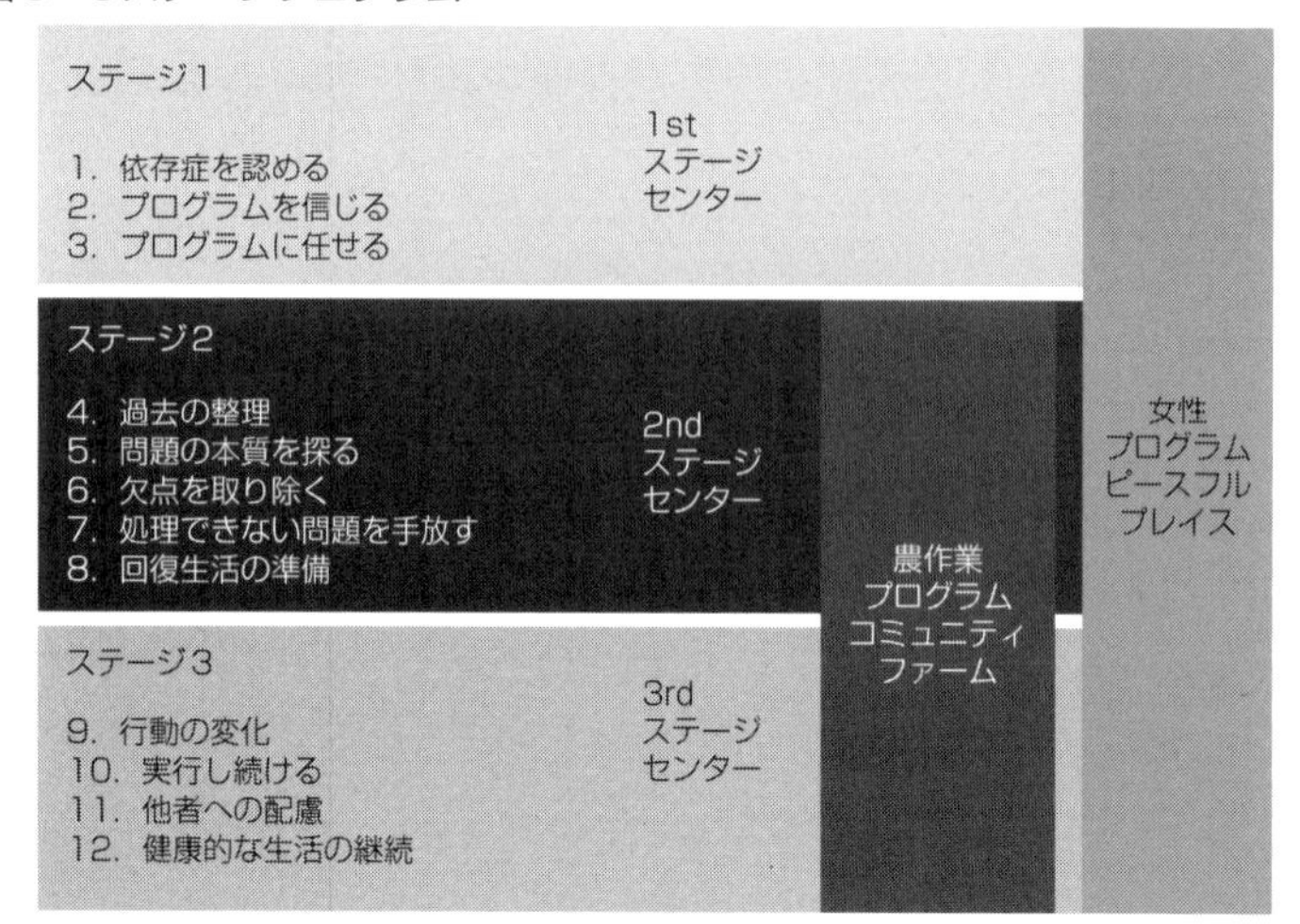

プログラムは12Ｓｔｅｐ（ＮＡ・ＡＡ等）をかみ砕いたものが3段階に分かれており、回復の度合いに合わせてステージ1～3へと進んでいく仕組みであり、全プログラムの基礎となるものである（図6）。ステージ1は導入期として、①依存症を認める　②プログラムを信じる　③プログラムに任せるという回復の動機付けをしていくという段階。ステージ2は回復期として、④過去の整理　⑤問題の本質を探る　⑥欠点を取り除く　⑦処理できない問題を手放す　⑧回復生活の準備　という回復をより確かなものにしていくという段階。ステージ3は社会復帰期として、⑨行動の変化　⑩実行し続ける　⑪他者への配慮　⑫健康的な生活の継続　という社会復帰後の回復継続という段階　に分かれている。男性施設はこれらをステージごとに別々の施設で行い、女性施設は安全な場の提供という観点から1つの施設で行う。これら12の小項目は12ステップに対応している。

図7　3ステージプログラムを補完する豊富なプログラム

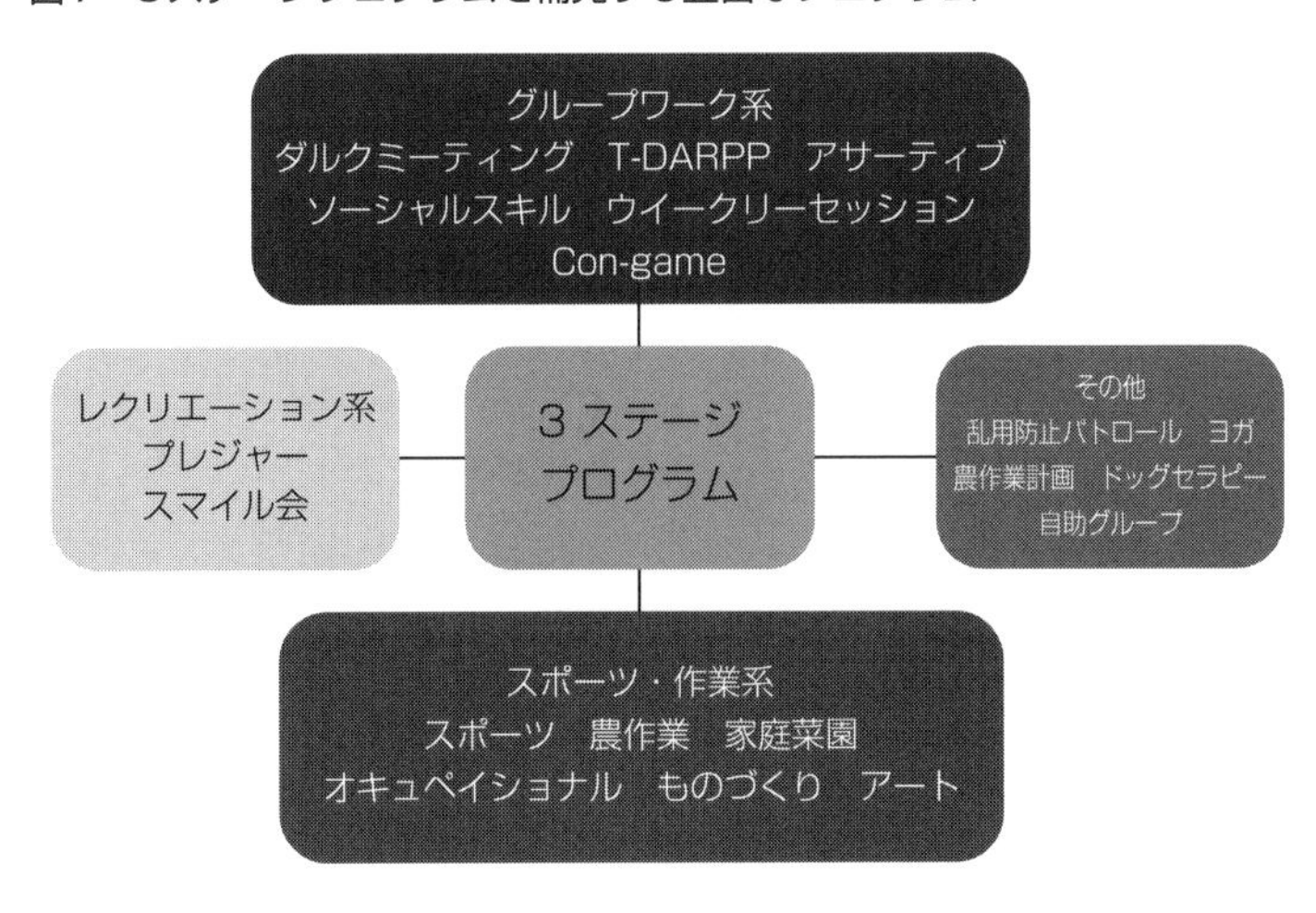

ステージアップの要件はそれぞれ設けてあり、曖昧な評価はできるだけ排除し、より客観的に判断できるものにしてある。そのための会議（ケースアセスメント）を定期的に実施し、一人の判断に偏らないように工夫している。

根幹となる3ステージプログラムは入寮時にテキストを手渡され、その内容に沿って進んでいく。1項目はおおよそ1週間の時間を設けて進めていき、すべて修了するまでには少なくとも12か月は要する。その間先に進めない出来事があれば繰り返し行う場合もあるため、規定通り修了する利用者は稀であり、むしろ一進一退があったほうがより回復は堅固なものとなる。

そのほか3ステージプログラムを補完する形で20もの様々なプログラムが行われている（図7）。種類を大きく分けると、ダルクミーティングと呼ばれるピアカウンセリングは全施設でほぼ毎日行われている。そのほか認知行動療法、スポーツや作業、レクリエーションなど、その豊富さも栃木ダルクの特徴である。以下にそのプログラムを紹介する。

(1) T-DARPP

再発に至るまでの流れに認知行動療法に基づいたプログラムが介入することにより再発を防止するというプログラム。

①アルコールや薬物の害について理解を深める。
②毎日を計画的に過ごし、アルコールや薬物の入る隙を作らない。
③「薬物を使いたい」という気持ちを上手に扱う具体的な方法を身につける。
④回復の道のりを理解し、これからやってくる様々な問題に備える。
⑤再発の危険信号について学び、その合図に自分で気がつけるようにする。

(2) アサーティブ・プログラム

自分の感情を他人に伝える方法を身につける。傷ついているということを相手に伝えるには勇気がいり、相手を傷つけないで伝えるということも難しいことである。メンバーはこのことをうまくできずに心の中に嫌なものを溜め込んでその発露がうまくできず、結果的に自分を傷つけ、アディクションに逆戻りするような結果を引き寄せがちである。自分の思いをどのように相手に伝えるか、その最善の方法を身につけるグループワーク。

（3）コンゲーム

コンゲーム（con-game）とは、信用詐欺という意味。かつては薬物を使い続けるために他人や自分自身をだます必要があった。薬物の再使用に至る生活習慣や感情の流れ、行動と思考パターンの見直しに目を向け、それを変えていくにはどうしたらよいかをブレインストーミングやロールプレイングで、時には絵を描いたりして考え、答えを導いていくプログラムである。このプログラムは黒羽刑務所、喜連川社会復帰促進センターでの薬物依存離脱指導でも行っている。

（4）ソーシャルスキル

社会復帰に必要な訓練をする。「なぜ働くのか？」から考え、常識力トレーニングや履歴書の書き方など、就職面接に際しての心構えに至るまでの全般的な準備を、ブレインストーミングやロールプレイを織り交ぜて行う。

（5）ウィークリーセッション

人間関係も含めた自分の問題に向き合うためのプログラム。社会に出るにあたり、生きづらさの要因となっている感情面における問題点をこの先の一週間で具体的にはどうすれば解決に近づくかなど課題として提起し、一週間後に自己採点する。他のメンバーの前で問題提起するので実行に移した際に不正直なことはできないという意味でも、メンバー同士問題の共有化を図れるというのも良い点であり、自分を変えていくために必要な行動を習慣づけていく。

(6) アート・プログラム

テーマに合わせたアート作品を作る。内面に出てくる感情に目を向け、好きな材料を用意して使い、楽しみながらアート作品を完成させていく。一連の作業は物事の先の見通しまでを考える練習にもなり、想像力を豊かにしてくれる。成功体験を積み重ねていくための土台作りとなっている。

(7) プレジャー

この言葉の意味が示す通り「楽しむ」ということである。月に一度メンバーの希望を募り、季節にあわせた山登りやスキー、スノーボード、ゴルフ、映画鑑賞、ショッピングや観光地巡りなどを行う。薬物以外の楽しいことを経験し、社会復帰後の余暇の過ごし方の参考にするというのが目的である。

(8) スポーツプログラム

目的は「体力回復」だが、その他ソフトボールやバレーボールなどの団体競技を多く取り入れているため、対人関係の苦手なメンバーが普段話さない他のメンバーと話ができたり活躍の場があったりと、プログラムを通してメンバー同士の交流を図ることも視野に入れている。

(9) オキュペイショナル

主に山林作業や施設修繕などを行う。メンバーの大半が働いた経験に乏しく引きこもりがちであった。作業自体は決して楽なものばかりではなく、仲間と共に汗をかき、達成感と充実感を得ることを目的としている。つらい作業を一緒にするということは、協調性を身につけることにも役立っている。

⑽　音楽

カホン（Cajon）という楽器を使う。カホン（Cajon）とはペルーで生まれ、スペイン語で「引き出し」という意味の名称で文字通り箱のような形をしている。ホームセンターなどで手に入る材料を使い、自分たちで作りあげる。イベント会場など、多くの人たちの前で自分たちが作った楽器を演奏し、たくさんの拍手をもらえるという経験は、自己肯定感を高める効果が期待される。

⑾　薬物乱用防止パトロール

薬物乱用についての危険性を地域住民に伝えることが目的。栃木県内全域のショッピングモールなどの繁華街を中心に薬物乱用に関するパンフレットの配布やアンケートの実施など啓発活動を中心に行う。県薬務課の委託業務。使う側から予防する側になることによって自分の回復を確かめる。

⑿　ドッグセラピー

宇都宮市内に拠点を置く東日本盲導犬協会に毎週出かけていき、仕事の一部を手伝わせてもらっている。具体的には盲導犬の散歩とグルーミングなど、おとなしい犬たちとのふれあいで生まれる癒し効果と、金銭の授受がなくても気分が良くなるという経験、また、盲導犬協会職員の方たちの犬に対する無償の愛情を感じ、これまで薬物使用によって培われてきた「薬物を得るために金銭を手に入れる」などの即物主義から解放されるという点でも効果を発揮する。

⒀ 農作業

集団生活や人とのコミュニケーションが苦手だった依存症者が、仲間と協力し農作業をすることで協調性の獲得や体力面の回復、薬を使う以前に社会で感じていた喜びや体を動かして得られる充実感、達成感を取り戻すことを目的としている。また、薬物を忘れて作業に没頭することで薬物から自然に離れていき、本来人間に備わっている生活のリズムを取り戻すことができる。

⒁ その他

・ものづくりプログラム（パン・手芸等）
・ヨガ（隔週）
・家庭菜園（野菜等）
・スマイル会（女性施設、自己肯定感を高める）
・農作業計画と確認

このように様々なプログラムから自分の力を入れて取り組むものを選び、回復と成長に役立てている。

5　ロールモデル

図８　ロールモデル

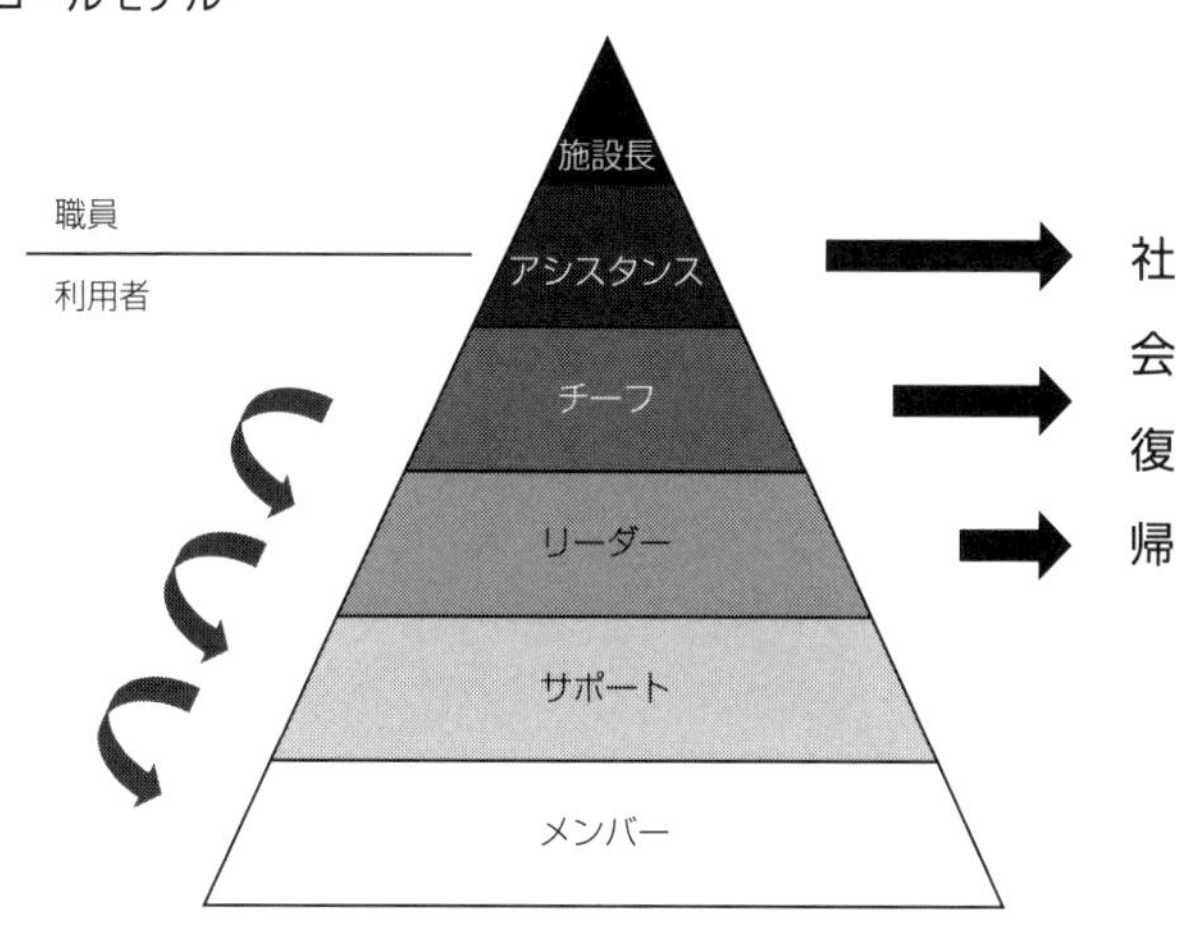

階層型のもう一つの柱がロールモデルという施設内ヒエラルキーの形成である（図８）。利用者が入寮すると、はじめはメンバーとして先行く仲間の指示に従い施設内の役割を担う。それからサポート、リーダー、チーフと役割が上がっていく。上がるに従い権利と義務が伴っていくという仕組みになっている。これは社会のシミュレーションであり、社会経験の少ない利用者の社会性獲得という機能を備えている。

またもう一つの側面として、利用費を抑え、マンパワーの確保に一役を担っている。利用者は社会復帰が近くなるに従って、自分の世話をすることはもちろん新しく来たメンバーのサポートも行う。職員の目の届かない部分をボランティアスタッフとして支援していくのである。自分が他人の役にたっている、つまり社会の有用な一員となっているという経験は、自己肯定感の低い依存者には回復動機を高める大きな要素となる。

利用間もない人たちの目標設定を無理のないものに

していくためにはハードルを低くしておく必要があり、この面においてもチーフがリーダーの支援をし、リーダーはサポートの支援をするというように、手がとどく目標がすぐ目の前にあるということでクリアしやすくなる。

　また利用者の最上級の役割であるチーフにならなくては社会復帰できないというわけではなく、個々の能力に合わせた社会復帰方針を考えていく。

6　リビングスキル

リビングスキル（生活力）を考える上で一つの事例を紹介する。

ゴロー（仮名）は52歳でダルクにたどり着く前は、暴力団に所属していた。11回目の刑務所（ほとんどが覚せい剤取締法違反）を出所した頃には、組からも除名され行くあてのない状態だった。これまでに覚せい剤を売ること以外は生活の糧を得ることをしてこなかったゴローは途方にくれ、福祉事務所に相談に行ったところダルクを紹介され、生活保護を受けながら、ダルクのプログラムを受けることとなった。刑務所生活がこれまでの人生のほとんど占めていたため、ダルクでの生活にはすぐに慣れたが、認知の歪みは大きく、プログラムを理解することがほぼできなかった。

　刑務所での生活は根本的に自分が変わらなくても期間が過ぎれば出所となったが、ダルクではそうはいかないため、プログラムがなかなか次の段階に進むことができず居心地が悪くなり、何度かダルクの入退寮を繰り返した。幸いだったのはダルクにいない間に刑務所に戻ることはなかったことだが、

図９　リビングスキル

レベル１ 生活に慣れる	１．ルールを守り、規則正しい生活を身につける
レベル２ 役割をこなす・仲間の手助け	１．割り当てられた役割を率先して行う
	２．回復プログラムに積極的に参加する
	３．新しい仲間の手助けをする
レベル３ 社会性の獲得・人間関係構築	１．社会性獲得プログラムに積極的に参加する
	２．生活全般のセルフコントロールを身につける
	３．職場や役割上の人間関係を大事にする
	４．自助グループメンバーとのフェローシップを大事にする

ダルク以外行く場所がないと感じ、ちゃんとプログラムに取り組み始めたのは、60歳にほど近い年齢だった。

社会復帰プロセスに入って問題となったのは金銭管理であった。まとまったお金が手に入るとパチンコに行って使い切ってしまったり、欲しいものがあると食費に使ってしまったりということが頻繁にあった。それでも入寮中は食事をとれないということはないため、なんとかなっていた。ダルク側も改善のため社会復帰の条件として、小遣い帳をつけたり、余暇の時間の使い方を検討したりと工夫し、不安ながらもプログラムは修了し、社会復帰を果たした。63歳と高齢になっていたため、生活保護を受給しての社会復帰となったが、長年培われてきた金銭感覚は改善されず、生活保護費を支給日にパチンコで使いきってしまい、財布を落としてしまったので金を貸して欲しいと言ってきたりした。金銭の貸し借りをダルクはしないので、安定するまでダルクに再入寮ということも頻繁にあった。入寮中に生活管理の支援が不足していたことを実感したケースである。

このような経験から、生活面においての重要な要素としてリビングスキル（図9）という栃木ダルク独自の評価基準を設けている。またそれ以外にもステージ1ではDAST 20、SOCRATES、ステージ2では自己効力感、ステージ3ではPOMSといった従来の評価尺度を用い、ステージの始まりと終わりに実施し回復進度の参考としている。

社会復帰後に経済支援を受け、薬物依存の再発もなく、自助グループにも参加しているという状態にあっても、金銭管理、健康管理がうまくできず社会生活が成り立たないケースがある。これは本来のダルク業務とは言えないが、そのことが原因で再発につながるという場合も少なからずあるため、プログラム中にどの程度の生活力があるかを確認し、その能力に合わせた社会復帰支援をするために活用している。

つまり栃木ダルクの考える回復は一側面ではない。認知の歪みを変えていくという大きな目的に合わせ、依存症からの回復・社会性の獲得・生活力の向上という3本の柱のどれを失ってもバランスの悪いものになってしまう。これら3つが一体となって社会復帰に向けて回復支援を行っていくということが大切である。

またこの尺度は表面化しにくい併存障害を表面化させていくこともあり、発達障害や精神遅滞、高度脳機能障害などの受診の機会を作り、その後の回復支援のあり方を検討していく上でも大いに役立っている。

図10　就労支援

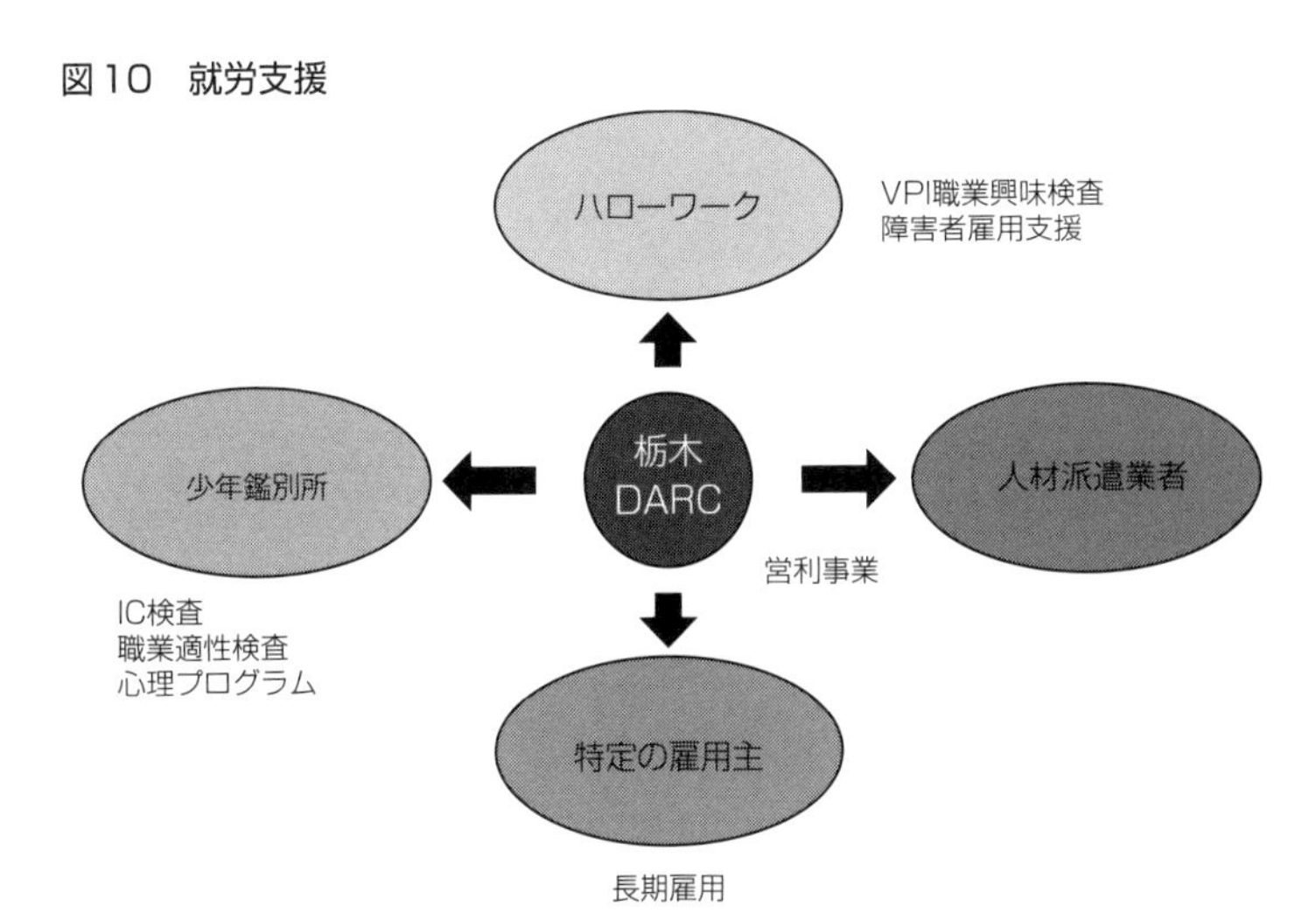

7　就労支援

これまでの就労支援は、ハローワークで通常の職探しをし、いくつかの候補の中からスタッフと相談して再発リスクの低い雇用先に面接に行くという形であることから、それだけでは社会復帰後の就労継続は難しい。大きな理由としては、収入が就労の最優先事項となっていたため、職業適性や興味を本人もあまり考える機会がないからではないかと考え、支援側がせめて考える機会を作ろうと試みている（図10）。

（1）栃木ダルクの取り組み

ＣＦを中心に便利屋事業を展開しており、定期的には地元の寺の清掃、管理、不定期には競売物件などの片付けを行い、営利事業として、社会復帰者の収入補塡や就労訓練に役立てている。

（2）ハローワークとの取り組み

社会経験が少なく、長いモラトリアムの時期を過ごしていた依存者には、自分がどんな仕事に興味があり、どんな仕事をしたいのかということがよくわかっていない者が多い。ハローワークで「ＶＰＩ職業興味検査」を受けることにより、ある程度の興味領域と傾向がわかる。

また、障害者への支援を率先して行っており、職員による個別面談と雇用者に対してのダルクの説明などもしてもらっている。

（3）少年鑑別所との取り組み

少年鑑別所ではＩＱ検査と職業適性検査や心理プログラムを実施している。職業適性検査は自記式ではあるが、ある程度の適性結果が出るので、ハローワークの興味検査と合わせ、職業選択の材料として役立てている。

（4）民間の人材派遣会社との取り組み

イベントや飲食店などでの短期就労が主な内容で、就労訓練を目的として活用している。

（5）特定の雇用主との取り組み

いくつかの雇用主と連絡を取り合い、雇用確保の要請があり、ダルクに人員がいた場合応じるようにしている。

図11　家族支援

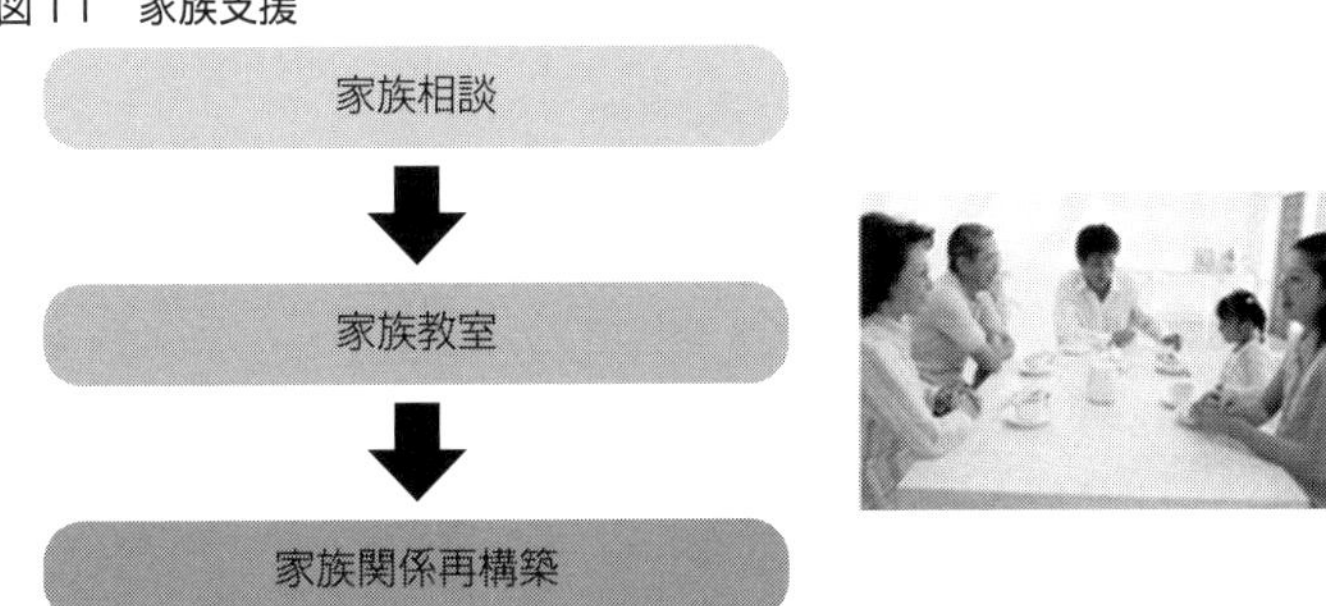

8　家族支援

回復の継続を担うもう一つの軸として大事な役割を果たすのが家族支援である。薬を使った本人を取り巻く家族の関係性は、過干渉、ネグレクト、借金、暴力など信頼関係が崩壊しており、これを改善していくには長い時間と互いの回復が必要となる。また家族は本人の浮き沈みの激しいジェットコースターのような行動に巻き込まれたり、本人からの暴力の被害者であったりするため、ＰＴＳＤやうつなどの症状に陥っているケースも少なくない。その場合は家族教室だけでは対応しきれないため、受診を勧めることも少なくない。

また逆に家族の対応によっては、本人の薬物使用を促進する場合も多くあり、本人が回復を続けている場合にも再発のリスクは高くなる。

そのような問題を回避するために栃木ダルクではStage 3で行われる家族関係の再構築を先に見据えて、相談から家族教室、そして家族関係の再構築へとつなげる（図11）。相談では本人の状況を含めた家族の全体像をとらえ、どのような関係に陥っているかを分析し、今どんな支援が必要かを検討し、必要な機関へ本人をどのようにつなぐかを決定し、実践に向けた指導を行う。家族には家族教室への参加を勧め、月に1度行われる8回1クールのファミリープログラムに参加してもらう。その中では主に、①依存症の知識　②本人への対応　③家族の心身の健康維持　について学ぶ。その後ステージ3になっている本人とダルク職員と家族とでこれからの家族関係の再構築を話し合い、互いの自立した関係の維持には何が必要かを導き出す。

9　事例紹介

(1)　家族が家族教室に参加していたケース

・男性、32歳（初回相談時）。
・覚せい剤、処方薬依存（約12年使用）。
・2度目の逮捕時に家族が相談、裁判中や受刑中もダルクと連絡を取り合い対応し、家族教室には相談の翌月から入寮時も参加継続。
・1年6か月の受刑生活を終え、自立準備ホーム制度を使い入寮。
・保護観察中は異議申し立てなどなく、入寮生活を送っていたが、満期を過ぎると自主退所。
・入所中は家族に受け入れてほしい旨の電話を外出の際に2度しているが、家族教室での講義を思い出し対応し、一貫してプログラムの必要性を説いていた。
・これまでの家族関係から「戻ってしまえば何とかなる」と実家に戻るが、家族との話し合いの結果、プログラム続行が望ましいとの家族の意向を受け、ダルクに再入所。

・再入所後は大きな問題なく約1年半後の家族再構築までプログラムを受け、今後の家族関係のあり方を検討後に社会復帰。

（2）家族が家族教室に参加していないケース

・男性、31歳。
・覚せい剤、危険ドラッグ、処方薬（約16年使用）。
・精神症状（包囲妄想）がきっかけで入院した精神科の進めで家族相談後に本人と面談、同意し数日後に入所。
・家族は本人の病気には無関心らしく家族教室には不参加。
・入所１週間ごろから退所を申し立て、出かけた際には実家に電話をかけ「施設では自分が一番軽い」「これ以上いると余計に悪くなる」などの言い分をそのまま受け入れる。
・１週間はよく考えてみたほうがよいというスタッフの提案を受け３日はプログラムを受けていたが、NA会場で姿を消し実家に戻る。
・約2か月後に家族から再度依頼があり、来所にて「逮捕されたのでどうしたらよいか」との相談を受ける。裁判中の対応を相談し、同じ轍を踏まないよう家族教室への参加を勧めるが、一度も参加せず。
・本人への対応は、裁判で引受先としての情状証人と刑務所からの環境調整で受入可能の返答。
・在監中突然引受人を変更し、その後音信不通。

10　その他の事業と他機関連携

栃木ダルクでは、2003年からの14年間の活動の中で、様々な機関との連携が可能となった（図12）。

（1）保護観察所

開設当初から引受人講習会を観察所が開いている。引き受ける予定の人や引き受けられない人とその担当保護司が参加し、保護観察官から保護観察の仕組みなどを聞き、薬物依存の知識は精神病院職員や精神保健福祉センター職員から、本人への対応はダルク職員からと講習を聞き、今後の対応について学ぶ機会が与えられている。また2016年から施行された「刑の一部執行猶予制度」に伴う先行事業として、2011年自立準備ホームを登録し、薬物依存回復訓練委託により刑務所出所者の受け入れを続けている。これまでに50名以上の利用者を受けており、回復支援において一定の成果を上げている。また引受人に元に戻った人たち向けのフォローアッププログラムを観察所内で開催しており、コ・ファシリテーターとして参加している。

（2）刑務所・少年院

黒羽刑務所では2005年から、喜連川社会復帰促進センターでは2007年から、施設内で行わ

図12　連携

国
保護観察所
刑務所・少年院・少年鑑別所
ハローワーク

フォローアッププログラム
引受人講習会
薬物依存回復訓練委託
薬物依存離脱指導
J－MARPP
就労支援

県
薬務課
精神保健福祉センター
健康福祉センター

依存症対策推進委員会
薬物再乱用防止教育
乱用防止パトロール
家族教室

栃木
DARC

市・町
保健所
福祉事務所

薬物乱用防止連絡協議会
生活保護

団体
社会福祉協議会
各相談機関
NPO

DV・虐待被害等

れている薬物依存離脱指導の一部を任されている。また榛名女子学園では、2013年からJ－MARPPのスーパーバイザーとダルクミーティングを行っている。

(3) 栃木県薬務課・精神保健福祉センター・健康福祉センター

2008年から県薬務課主導の事業として、薬物再乱用防止教育事業が開始された。これは薬物事犯者への対応として空洞となっている初犯の執行猶予者を対象としたもので、全県域において警察署に勾留されている者に対し、本人の希望により薬務課が事業の説明をし、出所後ダルクの行うSMARPP系のプログラムを年に60回実施する。精神保健福祉センターと健康福祉センターでは回復意欲向上のため任意の尿検査を行うというもので、執行猶予者に対する回復支援として全国初の事業を行っている。

またその他の薬務課委託の薬物乱用防止パトロール事業として、県内各所においてダルク利用者による乱用防止パンフレットの配布などを週に一度行っている。
精神保健福祉センター、健康福祉センターにおいて家族教室を実施し、ダルク職員がコ・ファシリテーターとして参加している。

⑷ 宇都宮市

2010年からは一次予防として、市保健所を中心とした薬物乱用防止連絡協議会のメンバーとして、小学校などで行われる乱用防止教室や市内の乱暴防止イベントなどに参加している。

⑸ 市民団体

家族相談などで度々問題となるDVや虐待のシェルターなどの相談。

自立準備ホーム制度にて回復した利用者の事例は、以下のとおりである。

・男性、40歳。刑務所収監は4回（全て覚取法違反）。
・関東にある刑務所在監中に関東更生保護委員会からの依頼により環境調整開始。
・家族とも連絡を取り、ダルクにて家族の意向を確認し、家族、本人ともにダルク利用の希望があるということで受け入れることにした。
・6か月の仮釈放をもって補導援護・救護委託（薬物委託依存回復訓練委託）にて入寮。観察所の月に一度の面接と尿検査をダルクプログラムと並行して行う。当初は満期となったら利用を中断しようと考えていた。

・入寮当初は感情面においての問題があったが、徐々に落ち着き、将来についても考えるようになり、満期後プログラム続行を選択、６か月の更生緊急保護委託に切り替えた。

・その間、家族は家族教室に継続参加。

その後はプログラムに真剣に取り組み、アサーティブ・トレーニングなどの認知行動療法を重点的に行った。

・２年半の入寮を経てプログラム修了。家族関係の再構築と社会復帰を果たし、現在、修了後３年以上再発もなく、問題なく社会生活を送っている。

11　総論・課題

(1)　構造化されたプログラムの利点

①動機の維持

階層式のプログラムは、階段を一段ずつ上がっていくように進んでいくため、これまでに何が改善され、これからは何を改善していくかがわかりやすくなっている。もちろん依存症の回復は学校とは違うので、赤点がなければ学年が上がっていくようなことはない。しかし途中問題があっても理由を探り、その部分をやり直すだけなので、本人も納得した上での部分補習的な繰り返しになる。そのため動機の維持はしやすい。

②公平な評価

Stageが上がるためには、様々な要件を満たしていなければならない。そのためには評価するための基準も明確である必要がある。各層において会議を行い、個人の見解に寄らないよう配慮し、公平な評価を心がける。必要とあれば他の利用者の意見も取り入れ、利用者との信頼関係を維持することは大事なことである。公平とはどの利用者にも同じ基準を当てはめるということではなく、個々の修了基準を設定していくことである。

③プログラムの個別選択

たくさんのプログラムが用意されているので、今自分がどのプログラムに力を入れるべきかの選択肢の幅が広い。全ては必修なので選択はできないが、ステージごとにプログラムが変化するため、飽きないよう工夫されており、その中の幾つかは今直面している問題に関わるよう配置されている。

④社会性の獲得

ロールモデル（施設内ヒエラルキー）を取り入れることによって、日常生活の営みの中から、社会性を自然に身につけることができる。また自分の目指すべき回復の姿が身近に存在することによって、回復も身近に感じることができる。

⑤利用費の低額維持

施設生活における行動の自主性を図っているため、自分のことはもとより、自分より新しいメンバーのサポートもするというロールモデルによって、職員は事務仕事や管理業務、プログラム実施に専念することができるため、人件費を最低限に抑えることができる。必然的に利用費も最低限に抑えることができる。

(2) 課題――スピリチュアリティの軽視について

構造化されているプログラムによる恩恵は多い。ただし利用者のプログラムに対する姿勢の傾向としては、できる限りステージが早く進み、ロールモデルが昇格していくというわかりやすいものに目が行きがちである。そのためわかりにくい「スピリチュアリティ」[1][2]を軽視しがちである。スピリチュアリティは、社会性の獲得や身体的回復、精神的回復と並ぶ回復には欠かせない要素である。プログラムにその要素を多く取り入れ、職員はことあるごとに回復におけるスピリチュアリティの重要性について体験できるようなプログラムを開発していく必要がある。

おわりに

今はもうその姿さえ見ることも難しくなったが、２０１５年に大流行した「危険ドラッグ」の登場によって、少なからず私たちの回復支援のあり方も変化したように思う。危険ドラッグ使用者は大麻から危険ドラッグに移行した20代の若い世代が多く、これまでの相談者とは背景が異なる。プログラム導入においての動機付けやプログラム修了時の就労支援において、これまでの覚せい剤依存者の多くの世代である第2次ベビーブーム世代のパワーゲームを利用した回復支援とは異なる個別化した対応を特に迫られた。栃木ダルクの特徴とする階層型の回復支援は、まさにその競争意欲が人にはあるという想定から始まったものである。今後の回復プログラムの組み立ては、個性を重視する教育を受けてきた人たちにも通用するようなプログラムに変化させねばならない必要性に迫られてきている。

また現在は私たちが施設を立ち上げた時代と比べ、関係する機関は薬物依存症には罰ではなく回復支援が必要であり、ダルクは必要な社会資源であるという認識は当たり前のようになってきた。その反面、営利目的で立ち上げ、プログラムの必要性を理解しないまま運営しているようなダルクも成立してしまうのではないかという危機感も同時にある。そこでダルクをダルクたらしめるものとして、ある一定の理念は必要ではないかと思う。いくつかある中で特に私が大事にしたいのは、健全な当事者性である。これは単に元経験者であるということだけではなく、経験に基づく知識や関わりということである。ダルクにおける特殊性はカルト的になりやすい側面がある。これを一般的な社会性（援助方法・経営方針）に照らし合わせることができる知識と経験が合わされば、独自性と質の高い支援ができるはずである。

【注】

(1)「健康とは、完全な身体的、心理的、スピリチュアルおよび社会的福祉の動的な状態（静的に固定されていない状態であり、単に疾病または病弱の存在しないことではない）（中略）スピリチュアリティを、人間として生きることに関連した経験的一側面であり、身体感覚な現象を超越して得た体験を表す言葉として捉えられた」（ＷＨＯの健康定義の改正提案）。

（２）超越的な存在と個人とを結びつけるスピリチュアルな感情（たとえば愛、感謝、畏怖）はポジティブな情動と密接に結びついており幸福感を高める（Diener & Biswas-Diener, 2008）。

第8章 施設運営
——山梨ダルクの実例

佐々木　広（山梨ダルク）

はじめに

２００６（平成18）年秋、群馬県にある日本ダルク・アウェイクニングハウス（現藤岡ダルク・代表：山本大）で、私は研修スタッフをしていた。ある朝、事務所で掃除をしていると電話が鳴った。声の主は恩師・近藤恒夫（日本ダルク代表）。近藤は唐突に、「ヒロシか。お前には山梨県でダルクを始めてもらうから、準備しておきなさい」。そう言って電話は切れた。

当時、職員研修が始まって３か月ほどの頃で、私のクリーンタイム（薬物を使用しなくなってからの期間）は2年弱くらい。キツネにつままれたような気分になった。冬間近、標高６００メートルの藤岡山頂、凍てつく寒さ、掃除用バケツの水が冷たい。近藤のたわごと。またいつもの妄想話。「ホントかよ！」と呟いた。

だが、実際に山梨ダルクができるまでは、そこから1年半の時間を要した。

1　山梨ダルクの黎明期

２００７年にスタッフ研修が終わり、日本ダルク本部に配置された。その年の春、山梨県の「社会を明るくする運動」（社明運動）に、近藤と共に参加した。テーマは「薬物乱用問題研究会」。山梨県は当時、甲信越3県において、人口は長野県、新潟県の半分だが、逆に薬事犯の検挙者数は長野県と新潟県の倍。県は「この問題の解決を図りたい」ということで、年4回この研究会を行った。

「社会を明るくする運動」とは、犯罪をなくして社会を明るくするために、すべての国民が「犯罪の防止」「犯罪者の矯正」「更生保護」などについて正しい理解を深め、すすんでこれらの活動に協力するよう全国民に呼びかける啓発活動のことをいい、実質的には法務省が主催する。

同年の「薬物乱用問題研究会」には、近藤が研究会員として呼ばれ、私は日本ダルクのプログラムコーディネーターとして参加させていただいた。

この研究会の構成員は、次の通りである。

・山梨県福祉保健部衛生薬務課長／課長補佐・山梨県福祉保健部児童家庭課副主幹・山梨県立北病院精神科医長・財団法人住吉病院（現・公益財団法人住吉偕成会）副院長・同院精神保健ソーシャルワーカー・同院アルコールセンター看護長・山梨県中北保健福祉事務所地域保健課精神保健福祉相談

員・山梨県峡東保健福祉事務所地域保健課精神保健福祉相談員・山梨県立精神保健福祉センター副主査・山梨県警察本部刑事部組織犯罪対策課組織犯罪捜査室長・日本ダルク代表（近藤恒夫）・日本ダルクプログラムコーディネーター（佐々木広ほか）・日本ダルク社会復帰支援事業部長・日本ダルク家族教室担当者・全国薬物依存症者家族連合会理事・厚生労働省関東信越厚生局麻薬取締部麻薬取締官・法務省甲府地方検察庁検事・弁護士・法務省甲府刑務所長・法務省甲府刑務所上席統括矯正処遇官・法務省甲府少年鑑別所長・法務省甲府保護観察所 所長／総務課長／監察課長／主任保護観察官／社会復帰調整官／法務事務官・甲府保護区保護司・更生保護施設更生保護法人山梨以徳会補導主任（計37名）

傍聴者は次の通りである。

・甲府地方裁判所刑事主席書記官・甲府家庭裁判所次席家庭裁判所調査官　ほか

以上の通り、県内の薬物問題に係わるすべての関係機関が一堂に会し、山梨県の薬物問題について話し合う場であった。

その研究会は最終的に、以下のように結論づけた。

① 山梨県には薬物を止めるための具体的社会資源がない

② 薬物依存症者の自助グループ＝ＮＡ（ナルコティクス・アノニマス）が、関東首都圏内において唯一ない地域である

③全国に拡がったダルクの活動ではあるものの、関東首都圏内において、山梨県のみダルクがない

そこで、「山梨県にダルクが必要だ。山梨ダルクを作りましょう」という流れになった[1]。その期待に応える形で、近藤が山梨ダルクを作ることとなり、それに伴って私に責任者として赴くよう命じた。２００８年２月、山梨県甲府市に山梨ダルクを開設する運びとなった。これが、その後の全ての始まりである。

2　山梨ダルク誕生期

２００８年２月１日、山梨県甲府市伊勢町４－21－１清水ビルにて、山梨ダルクを開設した。借り受けた物件は、元甲府市議会議員・清水節子氏が議員引退に伴って閉じた政治活動事務所だった。「人生をやり直したい人を応援します」と、活動に賛同し協力してくれ、契約を結んだ。行政がダルクを必要とし、その期待に応える形で近藤が山梨ダルクを開設したが、残念ながら行政からの資金援助はなかった。よって、開設資金、つまり契約金と設備・備品等は全て近藤の自己資金で賄った。ただし、運営資金は全くなかった。近藤に当初の運営資金をお願いしたものの、近藤も日本ダルクも資金難で、私に渡してくれたのは３万円の寄附金だけだった。それではもちろん運営できないので、私が薬を使っていた頃から大事に持っていたロレックスの時計を御徒町の大黒屋で売り払い、それが28万円になり、合わせて31万円で山梨ダルクが始まった。これが山梨ダルクの現実であり、ダルクの

現実である。地域性の違いはあるだろうが、全国的にみても、潤沢な資金で設立されたダルクが果してあっただろうか。先人も後進も、同じように金の苦労をしたに違いない。

しかし、それぞれが与えられた場所で、持ち前のバイタリティと、「助かった薬物依存症者が次の薬物依存症者を助ける」という情熱と、様々な知恵と工夫を凝らして、ダルクという仲間の居場所を続けてきたと私は捉えている。少なくとも私は「なりふり構わず」山梨ダルクを運営してきたのである。わが山梨ダルクは、貧しく、汚く、かっこ悪く、恥ずかしいスタートだった。

以上のように、最初の山梨ダルクは、無謀、無計画、無資金、ただ意気込みだけで始まった。翌月の家賃や水道光熱費代すら実はない、という有様だった。そこで着任してすぐ、当時のカトリック甲府教会の神父様を訪ねて支援の要請をしたところ、「軌道に乗るまでの資金援助をする」と快く引き受けてくださった。無礼極まりなく、滑稽で非現実的な話だけれども、これが事実である。

恩人である神父様に、改めて深く感謝の意を表する。この時の情景を思い出すたびに、胸に熱いものがこみ上げる。

さて、実際山梨ダルクを開設すると、驚くことに次から次へと入所者が来た。というのも、2006年頃より、法務省が刑務所内における薬物事犯への「薬物依存離脱指導」をスタートさせており、適切なプログラム提供の協力を、地域のダルクに求めた。各ダルクもこれに応じ、ダルクスタッフが刑務所におけるプログラムを行うようになった。山梨ダルクも、甲府刑務所における「薬物依存離脱指導」を請け負った。

これに伴い、刑務所内におけるダルクの認知度が急激に上がり、それに比例して、刑務所出所者のダルク入所希望者が増えた。

２００８年2月の開設後、5月には入所者が20人を超えた。当初の物件は定員が10名だったため、居住空間の確保が間に合わなくなってしまい、同月にナイトケア・ハウスとして新たな物件を借り入れた（山梨ダルク・トラスティーハウス）。しかし、それも瞬く間に満床となり、同年8月にまた別の物件（山梨ダルク・ブルートハウス）を借りた。開設半年で、二つのナイトケアと一つのデイケアという施設体制となり、入所者は25名となった。

ところが、刑務所から繋がってくる人ばかりなので、利用料を払えない人が多かった。入所者（仲間）が増えれば増えるほど、運営は逼迫する一方である。そのために生活保護を申請するものの、当時山梨ダルクは開設間もないため、行政の信用を得られていなかった。従って、申請しても取り合ってもらえないような状況が続いた。薬物依存症という病気、そしてその障害の性質、なぜ働けないのか、なぜ働くことよりもリハビリを優先した方がよいのか……などを説明するため、福祉事務所に日参した。ほどなくして、薬物依存症への理解が得られ、生活保護が受けられるようになった。

しかしその背景としては、ダルクの活動に賛同してくれた山梨県議会議員や甲府市議会議員、医療関係者、行政関係者などが、生活保護課と掛け合ってくれたおかげである。目に見えないところで働いてくれる人たちがいることを、忘れてはならない。恩人である匿名の支援者に、改めて深く感謝の意を表する。

山梨ダルクは半年間、人件費を支払える状態ではなかった。自分の給料すら出せなかった。赴任して半年後に、初めて山梨ダルクから10万円の給料をもらった。当時私を含め４人のスタッフで山梨ダルクを切り盛りしていたものの、全員無給のボランティアであった。同志である設立初期のスタッフに、改めて深く感謝の意を表する。

以上の通り、山梨ダルク誕生期の運営は、善意の寄付金と生活保護費を中心とした利用料とボランティア労働力によって賄われた。

3　山梨ダルク成長期　組織・事業の二分化——NPO法人山梨ダルク・山梨ダルク本部設立

山梨ダルクが活動2年目に入り、今度は「職員の給与はどうしていくのか」が急務となった。「善意の寄付」「利用料」「ボランティア労働力」だけで何とか運営してきたが、それだけでは将来的に活動が行き詰まるだろうと予測された。そこで補助金などの公金を得られる組織に変わるため、2009年5月に「NPO法人山梨ダルク」を発足した。この時、事業を二分化し、デイケア事業を行う「NPO法人山梨ダルク」と、ナイトケア事業を行う「任意団体山梨ダルク」に分けた。

山梨ダルクは、県内の有識者で構成された理事会が運営する「NPO法人山梨ダルク」と、当事者の私たちが運営する「任意団体山梨ダルク」の二つの団体が共存する形をとった。この複雑な組織体制を取り入れた理由は、私たち当事者活動における「当事者性の担保と堅守と不可侵」、いわば自らの当事者性を自ら守れる組織形態をとったことである。数か所のNPO法人型ダルクで起きた、理事会側と当事者側の軋轢と対立を参考にさせていただいた。

改めて整理する。組織の二分化は、私たち当事者が当事者性を堅守しながら、当事者活動を全うするために選択した組織の形なのである。ダルクの活動を純粋に行いたい当事者と、ダルクの活動を善意で支えたい支援者（または理事会）の間に、月日の経過とともになぜなのか、軋轢と対立が生じ、非当事者が「当事者性の領分」を侵害するときがある。私見ではあるが、その原因は「関係性が対等でないことに起因する」と考えた。即ち「上下関係」であり「主従関係」であるといった、序列や階層のある権力構造を、ダルクの活動の中で持つべきではないのだ。

そうならないために山梨ダルクでは、私が理事会から給料をもらわないこと、つまり「雇用関係」を避けた。よって私は自らが創ったＮＰＯ法人山梨ダルクにおいては、他の理事と同じく無報酬のボランティアの理事として名を連ねることにした。それは、報酬が発生すれば雇用者と雇用主という関係が対等性を破壊し、ひいては当事者性の担保を破壊するからである。当事者性を頑なに守ろうとすれば、非当事者との間に対立が生じ、結果、協力関係が妨害関係に変わるという悲しい事態に陥る。それを避けたかった。

もうひとつ、当事者である私が、いかなるときも当事者を擁護し味方であり続けられる組織形態にした。ダルクに入所する人は、薬物依存症者であり法的には犯罪者である場合が多い。よって、様々な問題（時には犯罪行為）を起こす。再発（薬物の再使用）も、度重なる失敗も、「回復に必要なプロセス」であると考える。回復初期は、容姿も奇抜で、反社会的な行動もしばしばある。社会からは理解を得られないし、受け入れられなくて当然だ。

しかし、薬物依存症者が変わっていくには時間がかかる。人は誰しも失敗から学び成長するものである。だから、変わっていく過程で多様な問題を起こす。

私たちピアカウンセラー（当事者援助職）の強みは、その「多様な失敗と寄り添える」ことであり、そして、自分がそうであったように、回復プログラムを行えば「人は変われることを信じられる」ことである。つまり、「赦し」と「受容」がリハビリの根幹にあるのである。これがダルクにしかない特殊性であり、ダルクの持つ哲学と自負する。

有識者で構成される理事会メンバーには、社会的立場がある。すると、入所者が引き起こす問題行動（薬物再使用、窃盗、暴力行為など）によって、社会が理事を批判するときがあるかもしれない。それが立場を脅かす。理事たちは傷つくことを恐れる。いつの日にか理事会は失敗に寛容でなくなるためにに、無意識に社会のルールをダルクに当てはめようとする。行政から公金をもらっていればなおさらであろう。その時、私が理事会から給料をもらい、生活を保障されている立場にあるならば、私は当事者の味方を貫く自信がない。生活保障という足枷をはめたまま雇用主と争うには、弱みとなる。私は弱みのない対等な関係として、薬物依存症者の味方を貫ける薬物依存症者のリーダーでありたいと考えた。私見ではあるが、これは先人が積み上げた多くの事例からもたらされる悲しみ、怒り、無念、不条理から遺された貴重な財産であると思っている。

なお、ダルクに対する社会的信用が確立されていなかった時代に、無念のうちに職場を去らざるを得なかった先人の艱難辛苦に対し、心より敬意を表する。

ありがたいことにNPO法人山梨ダルク理事会では、元新宿税務署副署長で税理士事務所長である内田幸雄理事長をはじめとする、多くの社会的信頼のある方々が理事職についてくださった。その結果、山梨ダルクへの社会信用は、確固たるものになった。

ＮＰＯ法人山梨ダルク理事会の現在のメンバーは以下の通りである（２０１７年2月時点）。

・理事長　内田幸雄　内田幸雄税理士事務所長、元新宿税務署副署長、元税務大学校教育一部教授、元東京国税局総務部税務相談室審理担当主任
・理事　竹越秀子　元山梨県中北保健福祉事務所次長
・理事　近藤恒夫　ダルク創設者、日本ダルク代表
・理事　大河原昌夫　公益財団法人住吉偕成会・住吉病院副院長
・理事　長田富士夫　元山梨県警察本部刑事部長
・理事　柴山聡　丸山公夫法律事務所・弁護士、元山梨県弁護士会会長
・理事　佐野あゆみ　公益財団法人住吉偕成会・住吉病院精神科専門看護師
・理事　稲永澄子　臨床心理士、カウンセリング・オフィス「ハートフル」所長
・理事　佐々木広　山梨ダルク本部代表
・監事　小西貴士　写真家

4　「甲府市地域活動支援センター」スタート

ＮＰＯ法人山梨ダルクは、２０１０年12月より、甲府市の障害者施設として、「甲府市地域活動支援センター」の事業を実施、年間９００万円の補助金がおりることとなった。このため、職員の給与を担保し、支給できるようになった。任意団体である山梨ダルク本部は、今日まで3か所のナイトケ

ア・ハウスの運営を、従来通り、利用料と寄付金だけで賄い運営している。ＮＰＯ法人山梨ダルクが「甲府市地域活動支援センター」の事業を行うには、任意団体山梨ダルクと同じ事務所を使用することはできないため、２０１０年8月、職員数４名の「山梨ダルク本部」を発足した。これにより、法人と民間の山梨ダルク、併せて計7名分の給与を支払うことができるようになった。

また、２００９年9月には、富士吉田市に「山梨ダルク富士サポートセンター」を開設した。２年後の２０１１年12月に「富士五湖ダルク」へと名称変更し、山梨ダルクから独立した。

5　支援団体について

山梨ダルクを外部で支える三支援団体は以下の通りである。

①「山梨ダルクを支援する会」

初期の山梨ダルクは、刑務所からつながる入所者が多く、そのほとんどは利用料の支払えない人たちだった。こんな状況の中で頼りになったのは、やはり寄付金だった。しかしながら寄付金には限界がある。困っていた私のことを見かねた人たちが集まって、２００８年6月にカトリック甲府教会の神父様を中心として「山梨ダルクを支援する会」が立ち上がった。その後も歴代の神父様が会長を務める。

この会は当初の3年間、カトリック甲府教会内に存在する小さな団体だったが、4年目から活動を方向転換し、地域の多くの人たちに入ってもらおうと、組織をダイナミックに改変した。その際、４

人の副代表として、日本基督教団の牧師様２人と大学の先生と甲府市以外の市議会議員さんがその任を負ってくださった。

それにより２０１１年から飛躍的に支援会の輪が広がり、様々な人が参加してくれるようになった。現在会員数は１３０名を超える。

② 山梨ダルクを支援する湘南ネットワーク〈ぶどうの木 in 湘南〉、山梨ダルクを支援する東京ネットワーク〈ぶどうの木 in 東京〉

運営が一番大変だった、開設間もない時期に、温かく応援してくれたカトリック甲府教会の神父様が、転勤で２００８年４月、神奈川県逗子市にあるカトリック逗子教会に転勤された。神父様の計らいで、逗子教会で山梨ダルクのメッセージの場を設けていただいたり、寄付集めをさせていただいたりするうちに、教会内に山梨ダルクを支援する輪ができて広がり、「団体として山梨ダルクを応援しましょう」という流れとなった。２００９年３月、「山梨ダルクを支援する湘南ネットワーク〈ぶどうの木 in 湘南〉」が発足する運びとなった。チャリティ講演会やバザーの開催などで、独自に資金集めを開始。２０１１年８月には、〈ぶどうの木 in 湘南〉から東京のメンバーが独立、品川区高輪で〈ぶどうの木 in 東京〉の活動を開始した。

現在会員数は、二つの団体を合わせて約２５０名である。

これら三団体は全て、「組織として山梨ダルクを支援する」ことを目的としている。

その目的は、経済的支援と精神的支援の二つである。
現在は三団体とも自発的に寄付金集めを行い、自らの機関紙で理解と協力を呼びかけ、山梨ダルクを助けてくださっている。２０１７年2月現在、三団体の合計会員数は約３８０名であり、山梨ダルクが必要とする運営不足金を集める。支援体制が確立したことにより、利用料は払えないが回復を望む薬物依存症者を積極的に受け入れることが可能なシステムができ上がった。

6　こんにちの山梨ダルク

(1)　事業内容

先に述べた通り、山梨ダルクはＮＰＯ法人と任意団体の二つがあり、事業内容は以下の通りに分けられている。

Ⅰ.「ＮＰＯ法人山梨ダルクデイケアセンター」

運営母体は理事会であり、業務内容は、①日中の回復支援、②相談業務、③甲府刑務所薬物依存離脱教育、④予防啓発活動としての学校・団体向け講演活動。これらが大きな四つの軸で、甲府市地域生活支援センター事業として日々運営させていただいている。ここでは現時点で、２名の有給職員が働いている。

Ⅱ.「山梨ダルク本部」

三つのナイトケアで約30人前後の人たちの入所を引き受けている。ここでは、①夜間の回復支援、

②運営するための寄付金集め、③機関紙発行などの広報活動、④ホームページ作成管理などを行っている。こちらは5名の有給職員と1名の非常勤職員、3名のボランティアスタッフで賄っている。
この二つを総称して「山梨ダルク」という。

（2）運営における留意点

①運営理念

開設資金わずか3万円で始めた山梨ダルクが今日まで続いてきた理由は、「お金がなかった」からである。お金がなかったために、いろいろな人、団体、場所へ、支援の要請に行かざるを得なかった。そこで出会った人たちの多くが、山梨ダルクの支持者・支援者になり、今日まで支えてくれている。これこそが存続の理由に他ならない。そういった人たちの集合体が、前記三支援団体だ。その支援がなければ、継続できなかった。

今や、運営資金を集める支援団体、現場で直接入寮者の回復支援を行う山梨ダルク、という協力体制が確立された。山梨ダルクの第一の目的は、「回復者を出す」ことである。このことこそ、私たちが社会に対して、または支援者・支持者に対して果たすべき責務である。それ以上に大事なのは、利用者に対する責務である。このことに最も留意し運営してきた。

では、何をもって回復者とするのか。社会的定義は様々あろうが、それを承知で私の考えを述べることをご了解いただきたい。まずは、「生きている」「生き延びる」「死なない」ということである。その上に、「就労者」「納税者」「社会復帰者」「社会参加者」となり、私たちのプログラム通り、「社会の有用な一員」に変化した人たちを輩出する。その理想形に向かうものの、薬をやめているだけでも、充分に社会の有用な一員だと私は考える。なお、薬をやめ続けたものの、何らかの理由によって亡くなった回復者に、哀悼の意を捧げる。

②スタッフの疲弊回避と担当エリアの分割

昨今の、年々増すダルクに対するニーズ、それが厄介である。それに応え続けたら、スタッフは疲弊し、大事なものが何なのかを見失っていくだろう。山梨ダルクスタッフは24時間体制である。今どきの言葉で表現すれば「ブラック企業」、つまり劣悪な労働環境であり、異常体質と言っても過言ではない。これは仕方のないことである。ひとつにはクライアントが薬物依存症者であり、時間内に問題を起こすとは限らず、24時間いつ問題が起きても対応せねばならない。さらに、24時間体制で人を配置する雇用資金がない。よって、有給職員に限っても、ボランティア労働力の提供を余儀なくされる時間帯がある。もしも労働基準法に則って活動を行うことを求められたら、もはや山梨ダルクは成立しない。これが現実である。この条件のもとに活動していることをご理解いただきたい。スタッフは、前記の薬物依存症者回復支援のほかに、相談業務、講演活動、刑務所教育、地域連携、送迎業務など、その業務内容は多岐にわたる。まさに、薄給激務である。

そこで、山梨ダルクは山梨県のエリアを二分割し、富士・東部地区を担当するダルクとして２００９年９月に「山梨ダルク富士サポートセンター」（現・富士五湖ダルク）を作った。エリアが広いと、職員一人ひとりがカバーするエリアも広い、ということになり、するとそれだけ疲弊していく。だから エリアを分割して新しい施設を作り、自分たちの担当するエリアを減域化すれば、より利用者の回復支援に集中できることになる。そういう意味で、山梨県のエリアを分割し、スタッフの疲弊の危険を回避したわけである。エリア分割は、仕事量を軽減することにつながった。参考までに、県人口82万人の山梨県において、富士・東部地区20万人を担当する富士五湖ダルクと、その他の県庁所在地である甲府市を含む地域62万人を担当する山梨ダルクの二団体で活動を行っている。

③ 運営の柱となる精神的理念

私が運営上、最も留意してきたのは、

＊施設の存続と資金確保
＊職員の人材育成と給与資金の獲得
＊入所者（仲間）の回復

ただそれだけである。

この三つは三位一体で、全てがつながっている。なぜなら、施設（ダルク）の存続なくして回復支援はできない。そのためには職員の給与資金を獲得していかなければならない。そしてリハビリ施設であるダルクの最大にして唯一の目的は、入所者の回復である。よって、ダルク・ダルクスタッフ・ダルク入所者の三つは三位一体で、そのバランスに最も心がけて施設を運営してきた。「当たり前のことを当たり前に、しかも徹底的に行う」と付け加えておく。

7　現在の問題点と課題

(1) 利用料の減収

山梨ダルクを開けた2008年2月時点から、今原稿を書いている2017年2月時点において、時間は約9年経過した。ダルクの運営費は、入所者が払う利用料、寄付金、行政からいただく補助金の三つになる。中でも利用料の方は、本人または家族の払う実費、もしくは生活保護を受給してそれを利用料に充てるかのいずれかになる。山梨ダルクにおいて、実費で利用料を払っている人は1～2割で、8～9割の人が、生活保護の受給者である。つまり大きな収入源は、生活保護費と言える。これが当時と比べて10%の減収となっている。条件は年々厳しくなるばかりである。山梨ダルクの活動を未来永劫継続していくためには、障害者総合支援法の事業を含む、何らかの方策を立てる必要がある。

(2) 職員の給与

現在、給与が支給できている職員は全部で7名だが、職員が圧倒的に不足している。なぜなら、薬物依存症者へのサポートは24時間体制なので、夜間支援が欠かせない。労働基準法に合わせて8時間労働で、24時間体制を実行するには明らかに職員が不足している。その理由は何かというと、「担保する給与資金がない」ということにほかならない。

計12名のスタッフのうち、有給スタッフは7名、ボランティアスタッフは5名。この5名分の給与資金を捻出することが、目下の課題となっている。

おわりに

(1) 会計の透明性確保

入所者の多くが生活保護受給者であり、利用料の多くは生活保護費から捻出される。従って、社会から貧困ビジネスと映る可能性が充分ある。では、貧困ビジネスの定義は何か。

「経済的に困窮した人の弱みに付け込んで利益を上げる悪質な事業行為」

このことに照らすならば、ダルクは貧困ビジネスではない。しかしながら、ベクトルが少しずれるだけで、現実的に貧困ビジネスになりやすい、という危険性をはらんでいる。

そうならないように、どう運営をしていくのか、どう会計を開示していくのか、どう社会に対して説明責任を果たしていくのか。いずれにしろ、「金の流れの透明性」は不可欠である。モラル観の維持のためには、会計監査を、専門家を含む第三者に随時チェックしてもらうことが不可欠であろう。私自身も薬物依存症者であったため、道を外す懸念があるから、この点は充分気を付けなければならないと、肝に銘じている。

(2) 山梨ダルクの倫理・理念教育

山梨ダルクが大事にしてきたものは、「コンプライアンスの遵守」にある。

健全な施設であるために、入所者（仲間）の安全が第一である。つまりは金銭の搾取や虐待などがないように透明性を確保する。そのためには行動規範が重要であり、その規範が全員に明らかになっていて、徹底して隅々までいきわたらせる必要がある。また、ダルクは30年の歴史を積み重ねた結果、私たち薬物依存症者の私物ではなくなり、公共性ある社会資源として認められていると思っている。一昔前は、「ダルクだから」と言って済ましてきたことも、通用しない時代になったと痛感している。薬物依存症者の集まりである山梨ダルクではあるが、「山梨ダルクは社会常識の範囲にある」と私はスタッフに対して教育している。つまり「コンプライアンス教育」であり、山梨ダルクの「倫理・理念教育」とも言えよう。今までも、そしてこれからも、変わらない山梨ダルクの絶対的イデオロギーである。

（3）自らセーフティネットを設ける必要性

最後に、私たち施設運営者も薬物依存症者である。金銭の取り扱いには十分注意が必要である。私も何度となく失敗を繰り返した。

しかし、今日まで山梨ダルクにおいて致命的な過ちを犯さずにすんだのは、

・顧問会計士として内田幸雄氏（内田税理士事務所・元新宿税務署副署長）
・顧問弁護士として柴山聡氏（丸山公夫法律事務所・元山梨県弁護士会会長）

の指導に依るところが大きい。

安全な施設運営を継続するためには、専門家の助言と協力を得ることはとりわけ重要である。危機

管理の概念を持って、仲間たちの回復場所と居場所が危機にさらされないよう、常に配慮する必要性がある。

またダルクでは、会計方法の教育や、福祉的な道徳・倫理教育をほとんど学ばずに施設長を任命される例が多数である。よって、運営は施設長個人の能力資質に頼らざるを得ない。自らセーフティネットを設け、第三者・専門家らの進言に誠実に耳を傾けることで、リスクを回避し、安全な運営を継続することが可能になる。

最後になるが、ダルクも60か所・87施設を超えた現在、

・「運営マネジメント」

・「自己管理能力」

の標準化が、自らを守る意味においても、組織レベルでの教育を通して推し進められることを願う。

【注】

（1）・第57回〝社会を明るくする運動〟山梨県実施委員会報告書

・第57回〝社会を明るくする運動〟山梨県更生保護懇話会「薬物乱用問題研究会」報告書

山梨県内における薬物再乱用防止施策の現状と今後の課題について（平成20年1月）

http://www.yakkaren.com/yamanashil.pdf

第3部 連携

第9章 司法との連携

森　亨（北海道ダルク）

1　刑務所の経験

１９９７年７月２日、覚せい剤の使用と所持で釧路警察署に逮捕された。「覚せい剤使用」での逮捕が２度目だったので懲役刑が確定したのち同年12月20日頃、釧路拘置所より函館刑務所に移監されて服役した。函館刑務所は初犯刑務所だが、そこでの生活は考えていた以上に厳しくて、私にとって辛い経験だった。そのため私は１秒でも早く出所したいと考えるようになり、仮釈放をもらうために受刑生活をひたすら我慢して真面目な態度で過ごした。仮釈放になったのは１９９９年７月２日で、刑期満了期間よりも５か月半近く短かった。

ところが仮出所後に地元である札幌に戻ってみると、現実は想像以上に厳しかったのである。最初は末期がんの母が入院している病院に通う毎日で、そのことが徐々に辛く感じるようにはなったのだが、それでもやるべきことがあって見舞いに通う毎日に救われていたのかもしれないと今は思う。半年ほどで母が亡くなってしまうと、現実が目の前に迫ってきた。「刑務所に行って何年も薬はやめているのだからもう大丈夫だ、働きなさい」という父に、「本当は薬を使いたい。働ける気がしない」とは言えずアルバイト情報誌をめくってみるが、薬を使い続けてろくに働きもしないまま39歳になっていた私には、どのアルバイトもハードルが高く思えて絶望的になった。履歴書をどう書いたらよいのかもわからない。たとえどこかで働けたとしても覚せい剤使用で刑務所に行ったことが知れたらクビになるに違いない。そう考えると身動きできないような気持になり、自分はゴミ以下に思えてくる。ゴミならリサイクルで生まれ変わることができるが、人間が生まれ変わることはできない。刑務所には仕事がある、寝る場所や食事も与えられる。雑居房では薬を使いたい気持ちをそこにいる仲間に話しても眉をひそめられることはなかったことなどを思い出すと、刑務所に戻りたくなる。1秒でも早く出所したかったはずの刑務所に戻りたくなるなんて、私はどこか狂っている。

唯一の救いは、姉に勧められて通っていた道立精神保健福祉センターのドクターとのカウンセリングだった。カウンセリングの場には何を話しても否定されたり叱られたりすることはないという安心感があったので、多少は正直な話ができていた。私が絶望を感じていることを話したときに勧められたのが、ダルクへの入所だった。ダルクは重症の薬物依存症の人が行くところで自分はそんなにひどくはないと考えていたが、ドクターが手渡してくれた本『薬物依存』（近藤恒夫著）を読んでみると、実際のダルクは自分が考えていたものとは違う様子だった。なによりダルクでの生活をする仲間たちが生き生きと暮らしているように感じたので、私はダルクに入所することを考えるようになった。父はダルクを利用することに反対（働くことが優先）であったのだが、姉が私と一緒に父に説明し頼んでくれたことで、渋々ではあったがダルクへの入所を認めてくれた。

2　ダルクの生活の中で

２０００年７月２日、私は群馬県藤岡市にあった日本ダルク・アウェイクニングハウスに入所した。そこには私と同じように薬物依存症によって家族、仕事や居場所を失った仲間たちが暮らしており、刑務所を経験した仲間も少なくなかった。ダルクのミーティングでは赤裸々とも思えるような正直な話、本音や自身の抱える問題が語られており、最初は抵抗感があり否定的な気持ちで一杯になった。正直に話したら他の仲間にどう思われるかと思うと怖くて話すことができなかったのだが、仲間の話を聞いているうちに、時間の経過とともに自分も話すことができるようになり癒されていった。

ちょうどその頃、近藤恒夫をはじめとする数名のダルクスタッフ（当時の日本ダルクのスタッフや横浜ダルクの施設長など）が講師として横浜刑務所にダルクのメッセージを運ぶことができるようになった。内容としてはダルクでやっているようなミーティングを行っていたように記憶している。当時は懲役刑を受けた過去があると、講師として刑務所に入ることはできなかったので、ダルクのスタッフ（限られた者だけだったが）が講師として横浜刑務所に入りミーティングができたことは画期的なことであったと考えられる。余談だが当時横浜刑務所で講師をしたスタッフの中には２〜３回懲役に行ったことのある者もいたと思うが、その辺をグレーにしたままでダルクのメッセージを行っていたのなら、横浜刑務所の勇気と寛容さには敬意を示したいと思う。

当時の私は（現在も同じだが）ダルクに辿り着けたこと、仲間と出会えたことで自分自身が救われたことを強く感じていた。プログラムを始めて間もない頃だったこともあり感情的には酔っぱらっていたのかもしれないが、こんな素晴らしいところがあるのだったら刑務所にいる仲間たちにもっと正確に知らせるべきだと思うようになった。また、刑務所は服役中よりも出所してからの方が大変だし、出所後の数日は眠れなかったり食べられなくなったりする等の、自分の経験したことも伝えたいという思いも強くなっていった。

3　北海道ダルクがスタートして

2004年6月、札幌市内でダルクの活動が始まった。自分が刑務所を経験していたこともあって、刑務所に入っている仲間の身柄引き受けも積極的にやらせてもらいたいと思い、弁護士から依頼があると、また刑務所や拘置所から仲間からの手紙が来ると、積極的に面会に出かけた。ダルクの常識ではプログラムは地元ではなく遠いところで行うのがベターであるとされていたが、道外から移送されて北海道の刑務所で務めている仲間であれば札幌での薬の調達はしにくいだろうし、知り合いも仲間もいないだろうから大丈夫だと判断して身柄を引き受けさせてもらっていた。仮釈放時には確実に部屋が空いていなければならないこともあり、せいぜい1年間に2人引き受けさせてもらうのが精いっぱいではあった。

数年して、ダルク入所は初めての仲間が仮釈放で北海道ダルクにやってくるようになった。主に関東出身の仲間が多かった。再犯刑務所から仮釈放で北海道ダルクに来る仲間は、遅かれ早かれ１００％、ダルクの中で薬物の再使用をした。ダルクの中で薬の使用は珍しいことではないし、もし薬を使ってしまうようなことになっても仲間を巻き込まず一人で使うようにと伝えてあったのだが、仮釈放でダルクに来た仲間は施設や自助グループの他の仲間を巻き込んで薬を使う。不思議な結束力がありお互いを守り合う（結果としては守っていることにならないのだが）、薬を使わない仲間を威圧するようなことも度々あったようだ。そういったことが起きるとダルク全体が暗くなり正直になりにくい雰囲気になった。

身柄引き受けを始めてから何年か経過してやっと理解できるようになったことだが、道外からの仲間であっても札幌刑務所に服役したら刑務所の中で札幌の知り合いができてしまって、出所後偶然に街で再会する機会があるかもしれない。あるいはダルクの仲間たちとの雑談の中で、俺はいつでも薬を手に入れることができると自慢気味（多くの仲間が薬物を使用しているときに身につけた価値観）に話してしまい、引けなくなったのかもしれない（ダルクでのプログラムが長くなるとそういった話はしなくなるし、つい話してしまっても引けるようになる）。また、ダルクに来るのは薬をやめたいからというよりも仮釈放が主な目的であり、仮釈放の期間が終わればダルクを出るつもりでいる場合が多く、目的が変化する前に薬を使ってしまう場合が多い。

そのような経験をふまえたうえで、現在は札幌刑務所から出所した仲間は道外のダルクに行ってもらっている。また札幌刑務所以外の道内の刑務所を出所する道外出身の仲間は、基本的には満期出所後に受け入れさせてもらうようになった。

４　刑務所内の薬物依存離脱指導（Ｒ１）

（1）始まりの頃

先に述べたように、私は刑務所にいる仲間たちにダルクや回復について伝えたいという強い希望をもっていることを「ＮＰＯ法人北海道ダルクの理事会」でも話していた。理事の一人に月形刑務所で精神科の担当をしておられた方がいたこともあって、２００５年12月13日から月形刑務所でダルクのミーティングが始まることになった。もちろん２００６年５月の監獄法の改正および２００７年６月の「刑事施設及び受刑者の処遇等に関する法律（受刑者処遇法）」施行を踏まえてのことではあったと思われるが、刑務所にいる仲間にメッセージを伝えたいという願いがかなうことになった。

その後、２００７年２月27日から帯広刑務所、同年３月７日から札幌刑務所、翌２００８年８月８日から釧路刑務所、同年９月２日から函館刑務所でのメッセージが始まった。さらに網走刑務所にメッセージに入らせてもらったのち旭川刑務所からも依頼をいただいたが、どうしてもスタッフの数が足りなくて旭川刑務所にメッセージに行くことはできなかった。現在は帯広で十勝ダルクが開設されたので北海道を西と東に分ける形にして、北海道ダルクは札幌・月形・函館・旭川の４刑務所にメッセージに入らせてもらっている。

Ｒ１にダルクが同席する回数は刑務所によってまちまちで、多いところだと１グループにつき５回、少ないところだと１回。Ｒ１の実施は刑務所にとっても、また我々にとっても初めて経験することであり、決まった形はなかったので手探りの状態で行っていた。初めの頃は短くダルクの説明をしてからスタッフ２人の経験談を長く話して、時間があればミーティングになるという形式で実施した。実施してはっきりしたのは、刑務所内でのダルクに対する偏見は強く、面白おかしく様々なうわさが流れているということだった。例えば「ダルクの連中はスタッフであってもダルクにいながら薬を使っている」「ダルクには薬を販売している人もいる」「ダルクは貧困ビジネスだ」などである。

刑務所の中で５回ミーティングをしただけで薬をやめられるわけはない。ましてや生き方が変わるわけでもなく依存症が治ることもない。そうだとしたら、出所後ダルクや仲間と出会う機会を作りやすくなるように、少しでもダルクを利用しやすくする工夫ができないかなと考えた。そこで雑談の時間を増やし、ダルクや仲間に対する疑念をぶつけてもらった。ダルクは各ダルクでプログラムや生活の仕方、かかる費用などまちまちなため、伝えることができるのは北海道ダルクの説明や自分の経験だけではあったが、本音で質問してその質問に答えることで緊張感のある壁のようなものを多少は取り除いて、同じ薬の問題を持つ仲間として話しやすくなるきっかけになったのではないかと思う。

（2）本当に必要な仲間に我々のメッセージは届いているのか

２００７年、日本中の刑務所に各地のダルクスタッフたちがメッセージに行くことができるようになった頃、近藤が「本当に必要な仲間にメッセージは届いているのか？」ということを話すようになった。内容としては「ダルクを必要としている仲間というのは、何度も刑務所を出入りし、家族や友達からも見放されて居場所を失った仲間たちだ。出所後に家族や仕事が待っている仲間はダルクを必要とはしない」ということだった。刑務所のグループの中には「自分は出所した後も、仕事もあるし家族が待っている」「暴力団を辞めるつもりはない」「薬を販売して生活をしていて、ほかの仕事などほとんどしたこともない。今さら別な仕事などやる気がない」などと話す仲間が相当数いたし、そのような仲間たちにとっては我々の体験談は他人事のように聞こえているだけであることは理解していた。刑務所内でＲ１を受けた後ダルクを訪ねてくる仲間もほとんどいなかったこともあったので、刑務所の教育担当官に、Ｒ１に参加する仲間たちを選ぶ基準はどういったものなのかと質問してみた。

札幌刑務所では、薬物で受刑している仲間たちに依存度を測るチェックシートへの記入を行ってもらい、依存度の低い人を選んでいるということだった。依存度が低いとはどういうことか質問してみると、例えば「薬を使いたいと思うことは二度とないだろう」「薬を使っても、周りの人に迷惑をかけていないと思う」などには「当てはまる」にマルがつき、「また使ってしまうのではないかと心配になる」「もし、薬物を使ってしまったら、すぐにまともな行動がとれなくなってしまうと思う」などには「当てはまらない」にマルがつくと低く出るということだったので、それではやはり我々の体験談が他人事に聞こえるだろうし、ダルクを必要にならないはずであることが理解できた。

ほかの刑務所にも質問してみたのだが答えはまちまちで、出所日が近くなった仲間から、できるだけ一度もＲ１に出たことがない仲間の中から、あるいはダルクの経験がある仲間を除いた中から、など様々であったが、「出所後帰る場所がない」「薬をやめられない」「仕事がない」などの理由で選んでいる刑務所は一か所もないというのがその時の現状であった。そこで各刑務所に、「例えば依存度が高く出ている仲間・帰る場所のない仲間・家族から見放されてしまった仲間から選んでみませんか?」という提案をし続けてみた。提案を受け入れてくれたのは札幌刑務所で、依存度の高いグループを作って10か月間という長期間グループを運営してくれた。長期グループ（依存度の高い仲間たちのグループ）はその後も1年に1グループ運営され続け、月に1度はダルクからもミーティングに参加させてもらっている。

(3) 長期グループ

長期グループには初回から共感しやすい空気があり、穏やかな雰囲気になりやすい。出所後不安に思っていること等に関しても話しやすいので、各人の具体的な経験をまじえて分かち合うことも容易である。

仲間から聞いたことのある話では、例えば、「差出人の名前は書いておらず携帯電話の番号だけ書かれたハガキ（ほとんどの場合売人の電話番号、以下090手紙）が刑務所にいる誰かに届いたとき、出所までは手紙が届いたことすら本人に伝わらないが、出所時に本人に渡されるって聞いたことがあるけど本当?」という質問をしたときは、グループ一同大変盛り上がった。

グループの仲間たちは皆同じような経験をしている。中には「自分は薬の売人なので客を増やすために『090手紙』を出したことがある」と話してくれる仲間もいた。以下、グループのやり取りをざっと記してみる。

筆者：刑務所のＲ１（薬物依存離脱指導）をしているのに、一方では出所時に売人の電話番号かもしれない電話番号のようなものが書いてある手紙（０９０の手紙）を渡すなんて不思議だね。
教育専門官：（びっくりしながら）そんなことがあるなんて、初めて聞いた。
筆者：官僚の世界では縦割りでしょうから、担当の課が違うと情報の共有が難しいでしょうね。信書というのは私物だから、廃棄を強制することはできませんよね。
グループの仲間：以前のことだが、自分が仮釈放のための委員面接のとき面接官から、「差出人の名前が書いていない信書を廃棄しなければこの先には進めません、つまり仮釈放の審査が進まない」と言われて廃棄したことがある。
筆者：なるほど、その手があるのですね。それだったら、仮釈放をもらえそうな人には有効な時もあるということですね。満期出所の人にはその機会はありませんね。その面接官の方が個人的にやっていたことですかね？
グループの仲間の大半：そういうことを言う面接官はめったにいない。個人的な動きだったと思う。
グループの仲間：仮釈放に関わるとなると廃棄する人も増えるかもしれない。そのことが知れ渡れば、廃棄することも仕方ないというようになるかもしれない。
グループの仲間：そうなれば、本音ではそういった関わりをしたくないけれども、トラブルが怖くて断れないと考えている人が手紙を断わりやすい理由になるかもしれませんね。
　というような内容だったように記憶している。のちに書かせてもらうが、この雑談は後に意外な効果を発揮することになった。

　長期グループの始まる以前は、仲間がＲ１をきっかけにしてダルクにつながる実感はほとんど持てなかったのだが、長期グループ開始以降はＲ１がきっかけになって満期出所後北海道ダルクに入所する仲間も増えてきた。また、ダルクは各ダルクそれぞれが1年か数年に1回フォーラムなどを開催する。そのときは応援もかねてほかのダルクの仲間たちがフォーラムに参加することが多いのだが、道外のフォーラムに出かけた際に、以前長期グループに参加していた仲間に再会することも増えた。

　現在、Ｒ１はできる限り多くの受刑者が受講できるようにしているようで、回数が増えてしまったため、ダルクスタッフは参加しないＲ１も実施されているようである。しかし、札幌刑務所以外の刑務所の中でダルクスタッフも参加するＲ１には、覚せい剤で3回以上懲役刑を経験している仲間から優先的に参加してもらうようになったところもあるようだ。

5　刑の一部執行猶予制度

(1) 自立準備ホーム

　法務省は出所者のための地域での住居対策としての自立準備ホーム制度の設立を２０１１年5月に制定した。登録の説明のために保護観察所の職員の方にダルクにも訪問していただいた。また、保護観察所の主催する説明会にも出席した。説明の中で印象に残ったことは二点あった。一つ目は、自立準備ホームはグループホームなど当時の自立支援法内の施設と重ねて利用することはできない。それは、訓練等給付費が保護観察所からの対価と重なり不正受給になるからであるということ。二つ目は、施設内で薬物使用があった場合は保護観察所に報告の義務があるということであった。特に報告義務があることで、ダルクが自立準備ホームの登録をするのは不可能に思えたのである。

ダルクでは、薬を使ってしまったら使ったことを正直に話すように提案している。ミーティングの中で、薬を使ってしまったことを話した仲間に対してほかの仲間は寛容であろうとするし、正直になった勇気を称賛して拍手する。正直に話した仲間を称賛した一方で保護観察所に通報してしまっては、誰もがダルクを信頼しなくなり、二度とダルクに来ようとはしないだろう。しかし保護観察所によると「ミーティングの中で薬物使用を告白したとしても本当かどうか確かめる方法はないので、実際に薬が出てしまうことがない限り報告する必要がないのではないかと思う」ということだった。あるドクターによると「覚せい剤のような結晶を発見したとしても、それが覚せい剤であるかどうか確かめる方法がなければ、確認しようがない」ということでもあった。北海道ダルクとしては、仲間の対応にグレーな部分を持つことが可能であるならば、自立準備ホームとして仲間を受け入れることが可能であると判断し、登録をさせてもらった。

自立準備ホーム登録のプロセスを通して、また刑務所でのＲ１を続けてきて、ダルク・保護観察所・刑務所といった立場の違う機関で仕事をしていたとしても、薬物依存症からの回復について同じ方向性を持って議論できる職員がいることを理解するようになった。法務省の職員であっても、刑罰より治療を優先するために何が必要かと考えを巡らせ、事象の背景にある事柄に着目し個別の対応を考える。まるで『鬼平犯科帳』の鬼平のようである。

私は回復について同じ方向性を持つことが正しくて、方向性が違うと正しくないといっているのではない。なぜならそれぞれの機関にそれぞれの役割というものがあり、個人的にも多様な価値観から選ぶ自由があると考えているからである。重要なのは、ベクトルが同じであるため立場を超えて協働することができる支援者が、奇跡のようにたまたま集まるときがあることである。その奇跡を大切にしたいと思っても、公務員であるが故の「転勤」という大きな壁があるのがとても残念なことなのである。

（2）刑の一部執行猶予制度の施行に向けて

平成28年6月の一部執行猶予制度（以下、一部猶予制度）の施行をふまえた上で、数年前から保護観察所が主体となって薬物依存症の地域支援連絡協議会を定期的に開催するようになった。参加機関も精神病院をはじめ保健福祉センター・保健所・刑務所・各区の福祉課や生活保護課とさまざまである。北海道ダルクも協議会に呼んでいただき、発表や助言をさせてもらう機会も増えた。

私が一部猶予制度にかかわる発表をさせてもらうとき、最後に「今の刑務所のR1担当の教育専門官（A氏）とダルク担当の保護観察官（B氏）の転勤をさせないでほしい」ということを必ず言わせてもらっている。なぜなら回復に関する方向の感じ方が同じで、協働しやすいからである。少なくとも一部猶予制度の施行から数年間、制度に乗った仲間が出所してどうなるかを見極めるまでの間だけでも、そうしてもらいたい。その話をすると決まって笑われてしまうのだが、こちらとしては笑いごとではないのである。一部猶予制度は、出所者の再犯防止と地域支援を目的としている。薬物依存症に関しては回復支援である。そして支援というものは機関や制度が行うものではなく、人が人に対して機関や制度を利用して行うものである。出所者の地域支援にかかわる現場関係者のベクトルが違うと、支援される本人は混乱してしまう。特に法務省の機関から支援者となった場合は格別であると思われる。

そこで私はこう提案させてもらっている。刑務所の教育専門官→保護観察官→更生保護委員会と法務省内の３か所で薬物依存症の回復にかかわりながら回して、転勤したらどうかと。これは無理な話でもないらしく、保護観察官のＢ氏はダルクの担当のあと更生保護委員会に転勤したのち、再度ダルク担当の保護観察官に戻られた。また刑務所と保護観察所との間での転勤のようなものもあるらしいのである。ぜひ活用していただきたい。

そもそも一部猶予制度は、入り口に問題があると考えている。何を基準にこの制度を使いどのようにサポートするのかが、はっきり伝わってこないからだ。先に述べたように、薬物依存症者にとってこの制度は回復支援である。回復支援は一律ではなく個別になるべきである。裁判官は薬物依存症の回復支援のプロではないのである。裁判時には、地域で依存症病棟のある病院の精神保健福祉士（ＰＳＷ）・看護師・心理師・弁護士・生活保護課のワーカー・精神保健福祉センター・保護観察所・更生保護委員会・刑務所の分類か教育担当官・ダルクなどからなる多職種のチームで個人の成育歴・入院歴・通院歴・処方薬の有無や種類・他の病気の既往歴などを精査して地域での支援計画を立ててから、この制度をどう利用するか決めるべきであると思っている。

余談

公の場で聞き入れてもらいにくい、生意気な奴だと思われるかもしれない、または一笑に付されてしまうようなことを私が少し踏ん張ってでも伝えようと思うようになったきっかけがある。

当時は東京の上野にあった日本ダルクのスタッフになって間もない頃、都内の高校に依頼された薬物乱用防止講演に近藤に連れられて一緒に出掛けた際の出来事が、そのきっかけになっている。

その頃ダルクには、覚せい剤を注射ではなくあぶって使用した後ダルクにたどり着いた仲間がたくさんいた。ちょうど数年前に危険ドラッグが流行って、それを使った仲間でダルクがいっぱいになったように、その頃は覚せい剤をあぶって吸うのが手軽で流行っていたのである。私たちダルクスタッフは、覚せい剤をあぶりで使った仲間たちは注射器で使っていた仲間に比べて後遺症がひどく、脳へのダメージも大きいように感じていた。高校生の間で覚せい剤の使用があるという報道もされていた頃だった。

その講演では最初に私の体験談を話したのち、近藤が薬物依存の回復の困難さや実態について話していた。そろそろ終わりになりそうな頃、突然近藤は「この中で覚せい剤を使っている生徒がいて、もしあぶりで使っているのなら、今から注射、注射で使いなさい。あぶりのほうが注射より頭が壊れるから」と身振り手振りで説明し始めた。会場はざわつき、先生たちはおろおろしはじめ、後ろのほうに座っている数人の少し不良っぽい学生２～３人だけがにやにやしていた。

帰りの電車の中で私は「あんなこと言うと、来年から講演に呼んでもらえませんよ」と近藤に言うと、近藤は「なーに言ってるんだ、たかだか講演料３万か５万か知らないけど、あそこにあぶりでやっているやつがいたら、それは仲間かもしれない。仲間だとしたら危険だとわかっていて教えないでいられるか？」と言ったのだ。そのとき、自分のことがとても小さな人間に感じ、そして近藤は大きく見えたのだった。

数年前の危険ドラッグの流行時、我々は危険ドラッグをやるくらいなら覚せい剤のほうがまだ安全であると思っていた。学校での講演で私は「危険ドラッグより覚せい剤のほうがまだ安全」と話すことはできなかった。しかしそのくらい危険な薬物であることを伝えたくて、私の代わりに先生の口から生徒に伝えてもらえるように配慮したことがあった。近藤のようにはなかなかなれないものである。

また私たちの経験にはエビデンスがないともいえるが、一方では多くの経験がエビデンスであるとも言えるのではないだろうか。そして私たちの活動は、薬物依存症者の薬物依存症者による薬物依存症者のための活動である。決して社会のためでもなく、どこかの機関のためでもない。私たちの活動は当事者活動であることを忘れずに、そして怖れずに活動してゆきたいと思う。

刑務所出所時の０９０手紙の件は、保護観察所や更生保護委員会の集まりの場だけでなく、職員と個別に話す機会も逃さず話し続けさせてもらっている。そのせいか札幌刑務所での更生保護委員会の仮釈放の面接時に、手紙を廃棄するように言われるようになったと聞くようになった。

第10章 医療との連携

白川　雄一郎（千葉ダルク）

1　従来のダルクと精神科医療機関との連携

２０１７年で創設32周年を迎えたダルクであるが、従来、他機関との連携ということで言えば、生活保護―福祉事務所との関係と並んで、やはり医療機関との連携が開設当初からの最も重要な連携の一つであろう。

連携という以上、双方向からの働きかけ―アクションが必須で、まず、考えられるものがダルク利用者の再使用時のデトックス、解毒のための入院であろう。薬物の再使用に起因する急性の精神症状が治まるまでの、投薬治療とか、ケースによっては医療保護とか隔離病棟に入って急性期が治まるまで入院してもらう。

それから、やはりダルク利用者のどちらかというと、慢性の精神疾患の治療のための通院および増悪期の入院、また、再使用していなくても慢性の精神疾患が発症してしまったクライアントの症状が悪化した際に処方薬の調整をしてもらうために入院するなど、状態が悪い例で言うと、千葉ダルクでも最近あったケースであるが、薬をやめて3年たったクライアントが死にたいと言い出してしまい週末に急遽、千葉の救急精神科医療センターの紹介で近くにある病院へ入院させてもらったことがあった。再使用に至らなくてもこういったケースはよくあることである。

それから、病院側からの要請などによって、入院患者の医療機関退院後のダルク利用とその準備のための面接といったケースで連携を取っているダルクは多くある。

そして、私たちはメッセージと呼んでいるのだが、ダルクの職員と利用者が医療機関に行って、そのクライアントとダルクでやっている12ステップを拠り所としたミーティングを一緒にやっている。また、病院で家族会をもっている所はそこへメッセージを運んでダルクの活動などの紹介をしているところもある。

2　千葉ダルクと医療機関との連携

私が責任者をしている千葉ダルクでは以下の県下の医療機関と連携を取っている。

1. 下総精神医療センター
2. 館山病院

3. 秋元病院
4. 千葉県精神保健福祉センター
5. 千葉市こころの健康センター

千葉ダルクは2003年に設立して2017年時点で丸14年が経ち、15年目の活動をしている。開設当初は千葉県の松戸市で活動していたが、4年目には県庁所在地で県の中心部にある千葉市に移転し、その頃から国内で数か所しかない薬物専門病棟を抱えた独立行政法人　下総精神医療センターとの連携を約10年かけて深めてきている。

現在、千葉ダルクは千葉市のデイケアセンターとナイトケア、九十九里側の長生郡にある九十九里ハウス、館山市にある南房総ハウスと3か所4施設で活動しているが、館山にある南房総ハウスに関しては、県下のもう一つダルクである館山ダルクと合同で館山病院という徳洲会系の総合病院にある精神科デイケアを利用して昼間に合同でプログラムをしている。

三番目はアルコールの専門病棟とデイケアを運営している千葉県鎌ヶ谷市にある秋元病院で、二か月に一回アルコール病棟に行って、千葉ダルクの職員と秋元病院出身のうちのダルク利用者もしくはOBがメッセージ活動をしている。

四番目は専門の医療機関ではないが、私自身が千葉県の精神保健福祉センターの精神保健福祉相談員として、月二回ここで薬物依存症者本人やその家族の相談を受けている。

また2016年度からは毎週金曜日にセンターでChance 20と名付けた認知行動療法のプログラム

を始めたので、私もしくは千葉ダルクの職員が毎回コ・ファシリテーターとして必ず参加している。五番目の千葉市こころの健康センターにおいても２０１７年度より第一、三、五の水曜日に認知行動療法のプログラムを開始し、ここにも千葉ダルクの職員が毎回コ・ファシリテーターとして参加しており、初参加のクライアントに対して導入のための面接も行っている。

これらの千葉ダルクと医療機関との連携の中で一番特徴があるのは、下総精神医療センターとの連携であり、前述した従来からのダルクと医療機関との連携以外にももっと突っ込んだきめ細かい連携を取っている。

3　下総精神医療センターとの連携

（1）入院クライアントとの面接・コーディネート

まず一つは、私自身が毎週月曜日の午後、他の予定が入っていない時は、下総精神医療センターのメインプログラムとして進めている条件反射制御法の研究補助員として第10病棟という40床のベッドがある薬物専門病棟に入っていろいろな活動をしている。

私自身が経験してきた中で、下総精神医療センターの優れている点の一つが、第10病棟の看護師の方々の資質で、彼らには他の病院に比べてより多くの裁量権や責任が付与されている。

下総精神医療センターのクライアントの退院後、病院側のドクターやケースワーカー、プライマリーの看護師、それとクライアントの家族やクライアント本人が直接家族のもとへ戻ったり職場復帰するのではなく、ダルクを利用することがよいというようなケースの場合、クライアントに対しては通常、ダルクに本人が相談に来るとしてもだいたい一回か二回の面接で、本人にとってどこのダルクでプログラムを始めるか、全国60か所・80数施設ある中から、本人にとってベターなダルクをコーディネートしていく。

私が毎週月曜日に研究補助員として病棟内へ入っている下総精神医療センターの第10病棟では、8週から12週ほどの入院期間中、精神障害の急性期が治まっておよそ2～3週間経った段階で私は面接を始める。最低でも4、5回、多いケースでは8回から10回、ほぼ毎週会って本人と面接していく中で、人間関係や信頼関係を形成する。またその中で本人の年齢、成育歴、それと趣味や薬物使用歴――どんな薬物をどんな状況で使ってきたかとか、使っている時に仕事をしていたのか、何度逮捕されて何回刑務所に行ったのか、またこれまでの医療機関の利用状況、既往歴、処方されてきた薬の内容など、いろいろな要素を加味して、ベターなダルクをコーディネートするというのが私の役割の一つである。この際クライアントの担当であるプライマリーの看護師が重要な役割を担ってくれており、クライアント本人のダルクへ行くモチベーションの形成やその維持、家族との仲介や、生活保護受給者にかんしては福祉事務所との折衝にまでかかわってくれている。

関係性を深めたのち、ベターなダルクを決めて入寮するまでの流れに始まり、ケースによっては当該するダルクの職員にクライアントの入院中に面接に来てもらったり、退院と同時に千葉ダルクの職員が当該ダルクまで連れて行ったり、逆に行き先のダルクの方から迎えに来てもらったり、そこまでコーディネートしている。

また、各地の刑務所内での状況と同様に、病院内ではダルクのネガティブな情報が広がりやすい。病院に再入院しているということは、ダルクでうまくいかなくなり場合によってはダルクを飛び出して薬物の再使用をして再入院しているわけで、良いことを言わないのはあたりまえである。「あそこのダルクは中でみんな薬を使っているらしい」とか、「夜の自助グループへ行くとその自助グループの外で売人が待っている」とかいった情報を病棟内で聞くと、ダルクの経験がない下総精神医療センターに入院しているクライアントは不安感を持つことが多々ある。

そういった面を払拭するために、他のダルクではあまりやっていないが、週末の二泊三日、千葉ダルクで生活してもらったり、ケースによっては藤岡ダルクの方へ一週間体験入寮してもらい、ダルクでの生活を実際に経験してもらう。

それと、退院後にダルクに行くことが決まったメンバーや、まだダルクに行くかどうか迷っているクライアントには、下総精神医療センターの近辺の千葉市内で二か所、火曜日と木曜日に自助グループ：NAが開かれているので、最初のうちは、千葉ダルクのメンバーが迎えにいって一緒に自助グループに参加し、何回か行って本人が定着した段階で本人自身が病院に外出届を出してバスに乗ってNAに参加し、帰りもバスに乗って病院に戻る――そういった自助グループへの参加を促すサポートもしている。

(2)「メッセージ」を伝える

前述した、ダルクにとっての「メッセージ」としては、月に2回、第10病棟の病棟内にダルクミーティングのメッセージを運んでいる。

千葉ダルクは約40名の利用者と６名の職員と２名のスタッフ研修で運営している。下総精神医療センター出身の自立したメンバーも多く、また、今現在も下総精神医療センターを退院して千葉ダルクを利用しているメンバーも多いので、３か月に１回の割合で通常のメッセージではなく、病棟内に入って食堂兼談話室のスペースのところで下総精神医療センターのＯＢや職員が自分の体験談を話したり、入院しているクライアントからダルクに関する質問を直接受けたりしている。

この病棟内の交流は千葉ダルクだけでなく、過去に下総精神医療センターからクライアントをつなげたことのある他のダルクにも協力してもらっている。

また、３か月に１回、病院で開かれている第10病棟のクライアントの集まりや現在薬物の問題で通院治療をしているクライアントの家族会で、千葉ダルクの活動や下総精神医療センターとの連携について話をしている。

（3）ダルク利用者にとっての連携

次に、前述したダルク利用者のための医療機関との連携の一つであるが、再使用時の解毒入院や精神病性障害治療のための通院および、その増悪期の入院治療で利用している。

また、ダルクのような開放されて自由度の多い環境の中ではクライアント一人ではなかなか難しい処方薬の断薬や調整を２週間から４週間の短期の入院の中で実施してもらっている。

（4）条件反射制御法

それと現在、下総精神医療センターの薬物専門病棟である第10病棟がメインのプログラムとして行っている「条件反射制御法」――簡単に説明すると、まず、「制御刺激」という薬物を使わないための神経活動を一定の動作とともに設定するやり方――を定着させ、そのあと「疑似摂取」という動作をする。それはたとえば、静脈注射で覚せい剤をやっていた人が、その覚せい剤を注射で打った時とほぼ近い、血の逆流を再現するようなキットを使って生理的報酬、快感が伴わない動作を繰り返し行う。

次に自分が薬物を使用していた状況を詳細に作文にしたり、繰り返し薬物使用のいろいろな過去の状況を想像して、その際にも生理的報酬、快感が伴わないため、これを続けるとその薬物に対する渇望が低減していくという治療法である。下総精神医療センターで8週から12週かけてこの治療が終わった者に関しては、千葉ダルクに入寮した後も職員立ち合いの上、この治療の維持作業を続けさせている。現在、約40名の利用者のうち5名が下総精神医療センターからこの対象者としてこの千葉ダルクに来て、条件反射制御法の維持作業を続けている。

この条件反射制御法に関しては、毎週月曜日の午後に第10病棟に入って2、3名のクライアントを担当し、一人ひとりに立ち会ってその条件反射制御法の実施の手伝いをしている。この際には病院共通の鍵も所持させてもらい解放病棟、閉鎖病棟、隔離病棟を行き来して活動している。

（5）エイサープログラム

毎年11月に下総精神医療センターの実施している薬物対策の研修会や司法修習生の研修の際に、ダルクの活動と下総精神医療センターとの連携について講義し、千葉ダルクにも研修として受け入れている。北海道、関東、関西、四国で行われる前述の条件反射制御法の研修も、年に何回か講師として関わっている。

また、沖縄ダルク、藤岡ダルクにならんで千葉ダルクでも開設当初からエイサーをやっている。私自身が沖縄ダルクでプログラムを続けて回復をしてきた一人で、その中のエイサープログラムの経験をふまえてそれを下総精神医療センターの病院祭で毎年披露させてもらっている。入院中はどうにもならなかったメンバーが、看護師さんたちや家族の人たちの前で揃いの衣装を着て踊りながら大きい太鼓を叩く姿を見てもらうことは、本人のためにも、またダルクでやっていることを露出できていいメッセージになっている。

（6）医療観察法病棟への関わり

これは、２０１５年の夏からスタートしたことであるが、下総精神医療センターには触法病棟と言われる医療観察法病棟があり、そこで定期的にダルクメッセージを、ダルクミーティングそのままのかたちではないが、なるべくそれに近い形で実施している。

また、千葉ダルクでは２０１６年度は下総精神医療センターの医療観察法病棟の対象者の退院後の受け入れを１名実施したが、今後も十分に検討しながら、できれば続けていきたい。

4　館山病院との連携――チバープ（認知行動療法）について

２００８年から約5年間、私自身は東京都の多摩総合精神保健福祉センターで非常勤の職員として毎月2回、午前中はアルコール、薬物、ギャンブル依存症の本人やその家族との相談業務、午後は「タマープ」というアルコール、薬物、ギャンブル依存症の本人たちとの認知行動療法を基盤としたプログラムをコ・ファシリテーターとして続けてきた。

そうした中、厚生労働省の分担研究でダルクでも認知行動療法を実践してみようという試みのなか、栃木ダルクと奈良ダルク（現在のガーデン）、そして千葉ダルクの3か所で、分担研究費でタマープのテキストを基にして、より薬物依存に特化した、全10回ワンクールのテキストを制作してもらい、千葉ダルクではそれを「チバープ」（Chiba DARC Relapse Prevention Program）と呼んでダルクのプログラムの一つとして続けている。

館山病院との連携については毎週木曜日、私自身が館山病院に行ってそこの精神科デイケアで、館山ダルクと千葉ダルクの南房総ハウスのメンバー（10～12名ぐらい）と一緒に、認知行動療法的なアプローチに取り組んでいる。今までの自分の経験から、ワンクールを下記の5回のトピックに絞って行っている。

また、サーズというやはり館山にある女性専用の施設のクライアントも館山病院の精神科デイケアを利用しているので、男性のダルクのプログラムとは別グループで、同じ認知行動療法のプログラムを行っている。

【チバープ5回のトピック】

・第一回　薬を使うことと止めることのメリット、デメリット
・第二回　引き金
・第三回　回復の地図
・第四回　再発と再使用
・第五回　依存症の7つの特徴

5　千葉県の精神保健福祉センターとの連携

最後は千葉県の精神保健福祉センターとの連携であるが、月に2回精神保健福祉指導員として私がセンターに行って前述の多摩総合健康福祉センターの時と同じように本人や家族の相談を受けている。また、2016年度より施行された「刑の一部執行猶予」の法改正の影響から、全国の自治体で薬物依存症本人を対象としたプログラムに予算をつけて実施を始めたり、また実施を計画しているところが増えてきている（そのほとんどが「スマープ」のテキストを基にした認知行動療法のプログラムである）。

こうした中、千葉県の精神保健福祉センターでも、2016年度より「スマープ24」を基にして「Chance 20」という認知行動療法のプログラムのテキストを作成して、本人プログラムとして開始

した。必ず精神科のドクターがファシリテーターとして参加し、また、私ともう一人の千葉ダルクの職員が交代でコ・ファシリテーターとして参加している。

千葉県の精神保健福祉センターでは、精神科のドクターが2名交代で週のうち3日か4日は外来のクライアントも診てくれるので、精神保健福祉センターから千葉ダルクに入寮してきたメンバーや、下総精神医療センターのクライアントではない比較的に慢性精神疾患が軽い人に関しては、こちらのセンターの外来で診てもらっている。

また、千葉市のこころの健康センターでも今年度から薬物依存症本人の認知行動療法的なプログラムがスタートし、千葉ダルクはここでも、前述した県のセンターと同じような役割で関わっている。

総括

まず、千葉ダルクは開設当初から下総精神医療センターと連携を取ってきたわけであるが、センターでは最近は前述した条件反射制御法の入院治療がメインで、そこの第10病棟のクライアントも、条件反射制御法の対象となる、依存症以外の病的な性衝動をもつ者やストーカー、クレプトマニア、リストカット、摂食障害、そして一部ＰＴＳＤをもつ者などの占める割合が大きくなっている。

そうしたこともあり、一か所の医療機関との連携だけではなく、再使用時の解毒、処方薬の調整、急性・慢性の精神疾患への対応のための入院・通院・投薬、また、ダルクを退寮して自立が近いクライアントで退寮後も継続的にカウンセリングが必要であると思われる者にはカウンセリングの機関との連携というように、複数の医療・心理の機関との連携が必要であるという認識は、千葉ダルクの責任者となって14年目になる中で感じていることである。

しかし、一般の精神科の病院はなかなか薬物依存症者を診てくれない。特に覚せい剤などの違法薬物の使用者については。また逆に、薬物依存症を専門に診てくれている精神科医の方は――医療機関の方々にあまり失礼なことは言いたくないが――一般の精神障害に関してあまり詳しくないというか、原因を全て薬物に持っていきたがる傾向にあるように感じられる。

一定期間の薬物使用のあと慢性の精神疾患（幻聴、幻覚、妄想など）が発症すると覚醒剤精神病、有機溶剤精神病、大麻精神病といった病名をつけられるのであるが、ただ精神病の前に使っていた薬物の名前をつけているだけなのではないかと思うことも多々ある。もちろんカルテに記入される正式な病名もそれなのである。

薬物依存症者が薬物を使い始める時期は10代中頃から20代中頃までが一番多いのであるが、その時期は日本人の約1％が発病するといわれる統合失調症が発病する可能性が最も高いタイミングなわけで、もしかしたら前述した慢性の精神疾患は純然たる薬物起因のものではなく、それが薬物を使った時期と重なっただけで、統合失調症の人も多いのではないかと思われる。そのへんの判断は大変難しいのであるが、そうするとやはり、彼らに対する治療は薬物依存症の専門のドクターに診てもらうよりも、一般の精神科のドクターに診てもらった方がその後の投薬や通院、入院治療がうまく進むのではないかとも思われる。

ここで私の経験であるが、問題の一つとしては、慢性の精神疾患が発現したクライアントやその家族は、それらの症状は純然たる精神疾患ではなく薬物使用を起因とするものであると思いたがる（統合失調症などの精神疾患には多分に遺伝的要素が考えられるからである）。そうすると、ダルクを退寮したあと精神科系のデイケアホームやグループホームにつなげる時の大きな障害になるのである。もちろんそこには、受け入れる側のデイケアホームやグループホームも施設によっては薬物使用歴（特に違法薬物の）のあるクライアントをなかなか受け入れてくれないという現実もある。

これらのことからも、特定のひとつの医療機関との連携を深くとっていくことも大事なことであるが、やはりそのクライアントの病状（ここでは身体的な障害や病気も含む）、年齢、就労状況などを考えケースバイケースに対応していくために、いくつかの医療機関やカウンセラー、障害福祉サービスの事業所などとの連携が必要なのではないかと思われる。特に依存症に特化しない一般の精神科医療との連携、これが今後の千葉ダルクの喫緊の課題でもある。

前述した刑の一部執行猶予の実施にあたって、２０１６年度より保護観察所や県の精神保健福祉センターが中心となった連絡協議会が、千葉県でも千葉市のこころの健康センター、県の薬務課、障害福祉課、いくつかの医療機関、生活保護の担当者、千葉県内のダルクなどが集まって開かれるようになった。他の地域でもこのような協議会が開かれていることと思うが、これらの機会はダルクにとって今後、複数の医療機関と連携をつくっていくチャンスでもあると思う。

第11章　地域福祉との連携
――重複障害の視点から

市川　岳仁（三重ダルク）

はじめに

第3章でも書いた通り、ダルクは薬物をやめたい当事者たちによる「回復」を目指すコミュニティである。薬物をやめた経験を持つ当事者がスタッフとなって後進をサポートするところに特徴がある。これはセルフヘルプ（自助）とも表現できるし、ピア・サポートと表現することもできる。他の関係機関がそうであるような一方向的な援助ではなく、相互援助的な関係性に基づいた支援といえる。これが互いにメリットをもたらす。あらゆる処遇の中で弱者の立場にいた当事者が、この自助の関係性の中で「支える側」にもなっていくことで自尊感情を高め、回復していく。

しかし、こうした自助がうまく機能しない人たちがいる。従来の回復プログラムの中心である「ミーティング」がうまく使えず、そこから得られる変化に乏しいため、薬物が止まっても就労自立や社会参加が難しく、ダルクでの生活が長期化する。本稿では、こうした状況の背景に見え隠れする重複障害のこと、それにどのように対応しているのかという三重ダルクの実践も踏まえ、薬物依存の「回復」を再考したい。

1　薬物依存者の生きづらさ

(1)　ダルクの課題、いまむかし

その昔、ダルクでのテーマは「薬物をやめられるかどうか」であった。しかし、現在は「薬物をやめたにもかかわらず社会参加が難しい仲間が多いこと」ではないだろうか。このため中間施設であるはずのダルクでの生活が長期化し、長く留まる人が増えている。このことは彼らの多くが依存症以外の問題（重複障害）を抱えていることを表しているのではないか。

NAの文献に次のようなくだりがある。

「NAにつながる以前の私たちは、生きることがどうにもならなくなっていた。人と同じような生き方や楽しみ方ができなかった。だからみんなとは違う何かが必要だったし、その何かこそ薬物の中にあるのだと思っていた……」[1]

この一文は、薬物を使う以前からすでに、人と同じような生き方ができない何かを抱えていたと読める。そして、それが薬物を必要とした理由なのだと。それはいったい何なのか。

20数年前のダルクでは、薬物をやめたのに元気がない仲間は「病気が違う」と言われていた。それが次第に「重複障害」と呼ばれるようになり、依存症＋精神疾患という理解になった。その中には不安神経症や統合失調症があった。そして最近では「うつ」と診断される人が多くなり、さらに最近よく言われるのが「発達障害」である。この変遷に関しては、本稿では字数の関係で割愛するが、発達障害を背景とした二次的な問題として、アルコールや薬物などの依存症が引き起こされると指摘する医師もいる(2)。

私が沖縄ダルクのスタッフをしていた時（1997年）に読んだアメリカの文献には、薬物依存者の86％くらいがその他の障害を抱えていると書かれてあった。さすがに当時は、「この数字は間違いだろう。せいぜい全体の10％くらいが何か障害を持っている人だろう」と思った。だが、今日まで続くダルクスタッフとしての日々はある意味、悶絶の珍道中である。同じ失敗を何度も繰り返す仲間、揚げ足を取るようなことばかり言う仲間、臨機応変な行動が全く取れない仲間……毎日がそういう仲間たちとの格闘だった。だんだん「これは本当に薬物の問題なのか？」と思うようになっていった。薬物をやめているのに、このマンガのような世界は何なのかと思っていた。心のどこかでは「これは依存症の問題ではないのでは？」という思いがいつもあった。

(2) ミーティングが苦手な仲間たち

いつ頃からか、ミーティングが上手に使えない人が増えてきた。うまく分かち合いができず、そこから得られる変化にも乏しい。ミーティングが分かち合いの場ではなく、個々の報告会のようになっている。

ミーティングでは、自ら進んで正直になることが求められる。過去から現在までの自分のあり方（考え方や行動）について「棚卸し」と呼ばれる方法で徹底的に正直になってこそ、同じく回復を目指す他の参加者へのサポートになるのだし、また逆にそうした他人の正直な話を聞くことで、正当化や合理化から解放された中で自分の過去と今とを比較することができ、問題から解放された今を選んでいけるのだ。しかし、この「正直さ」に課題を抱えている人がいる。ミーティングでの話が客観性に欠け、ずいぶん事実と異なった話をする人がいるのだ。

ＡＡのビッグブックには、「私たちが進んだ道を同じように徹底してたどって、それでも回復できなかった人を、ほとんど知らない。確かに、この簡単なプログラムに自分を完全にゆだねられない、あるいはゆだねたくない、自分に正直になることがどうしても不可能な体質の人が稀にいる。そういう不幸はその人の責任ではないので、生まれつきとでも言おうか。厳しい正直さが必要な生き方を捉え、その生き方を育てていくことができない、回復する率が平均まで行かない人たちである」と書かれている[3]。

本来、「言いっぱなしの聞きっぱなし」と表現される自助グループのミーティングでは、表現の自由が保障され、いかなる仲間の話も否定されたり、考えを改めるよう求められることはない。これは、自助グループの中には正しいリーダーが存在しないこと、同様に、これが正しい回復だというような、画一的な価値観に縛られないことを意味している[4]。逆にいうと誰もコントロールする者がいないゆえ、ある意味「回復」は本人の能力任せであり、ミーティングの中での「気づき」もそれに伴う変化も本人次第である。これは、「薬物をやめる自由」も「やめない自由」も含め、回復における本人の主体性を守る上でとても大切な部分ではあるのだが、やはり、こうした非誘導的なプログラムで回復しやすい人と、そうでない人がいるのではなかろうか。こうした自らの「気づき」による変化に乏しい人たちに対し、ダルクスタッフである私は、ある時期まで「プログラム（徹底）が足らない」とか、依存症の特徴とされる「否認」「性格上の欠点」だと思っていた。

（3）障害だとしたら名誉挽回できるかもしれない——重複障害を抱える仲間のこと

ところが、そうした考えを打ち砕く出来事が起こった。それはワークブック（テキスト）を行った時のことである。ワークブックの設問に対し、ある仲間※はことごとく的外れな回答をしたのである。それは、設問の意図が全く理解できていないか、文節の意味を取らず単語から漠然と設問の意味をイメージしていることを表すものだった。他にも、「なぜ？」という質問には適切に答えられないこと、客観的事実ではなく、いま思うことしか答えられないことがわかった。時系列に沿った記憶の想起とそれに伴う自己分析が難しいようである。

その仲間にはダルクの生活上でもいろんな課題があった。例えば、物事をなんでもパターンで理解しようとするところがあり、臨機応変ではない。様々な事柄についてスタッフに「どうすればいいか？」を訊ねてくれるのだが、それは「ルール」を知りたいという意味である。それが他のメンバーに向かうと支配的になる。本人は混乱を避けるためにルールを決めてほしいだけなのだが、自分に対する指示（かなり具体的に「すべき内容」を望む）と違うことを他のメンバーがしたりすると、「なんでそんなことをするの！ ダメでしょう！」とやってしまい、周りとトラブルになる。これがしばしば起こる。

ダルクは、回復を強制しない。回復は主体的なものであるという意味で、薬物をやめる自由もやめない自由もある。とはいえ、ダルクはやはり、やめるための場所である。これがどうしても理解できない。ある日仲間が新しくやってきたメンバーに「薬物は禁止！」「アルコールも禁止！」とやっているのを見た私は、「やめる自由もやめない自由もあるんだよ」と言ったところ、仲間は混乱してしまった。「お酒飲んでもいいの？」と聞くので、「そういう自由もある」と答えたところ、本当に飲んでしまった。私は「回復とは自らが選ぶ主体的なものなのだ」と伝えたかったのだが、どうしても理解できないので、それ以降、その仲間には「お酒と薬はダメ」と言って対応している。

他にも他人の目がないとブレーキがかかりにくかったり、場面場面で言うことが変わってしまうため、嘘つきと思われることも多かった。また、仲間がミーティングで発言するときは、他の参加者がしらけてしまうことも多かった。仲間の話があまりに客観的事実とかけ離れ、現実と違う話ばかりであったためである。日常会話は概ね問題なくできたので話は通じていると思っていた。しかし、実際にはミーティングの中でもずっと不十分な理解だったのだろう。テキストの回答を見た私は、これまでの仲間に対する見方に自信を失っていった。慌てて何冊かの本を取り寄せてみたところ、こうした

※「仲間」は特定の人物ではなく、本稿をわかりやすく読み進めていただくために例題として挙げたものですが、事実に即した仲間たちの特性を表しています。

仲間の特徴が「発達障害」の中に指摘されていた。そこで、色々うまくいかない原因がわかるかもしれないと、家族と三者懇談の機会を設け、検査をしてみることを提案した。

私は急速に、プログラムさえやっていれば大丈夫だというのは間違いだったのではないかと思うようになっていた。こちらが思っているような変化をしないその人の原因について、依存症の特徴とされる「否認」だと思っていたのが、根本的に間違っているのではないかと思ったのである。そこで、「仲間の「依存症者としての」回復についての不名誉な言われ方が、名誉挽回できるかもしれない」という思いで発達障害の評価を受けることを提案した。このとき本人の同意だけでなく家族も交えたのは、本人の同意にどこまで理解が伴っているか自信がなかったからである。

検査の結果は「知的障害」であった。中度に近い軽度の知的障害である。検査をしてくれた臨床心理士によると、ダルクでの共同生活は望ましいものの、ミーティング参加による洞察の深まりは期待しにくいだろうとのことだった。想定以上の結果に驚いたが、それまでの、自分で「気づく」「認める」というやり方から、本人の特性を知り、その能力に合ったことを提案する支援へと転換を迫られることになった。

（4）当事者から援助者へ

検査の結果を受け、これまでの個人の能力的自立を前提にした、ある意味「本人任せ」の回復支援から、より具体的かつ直接的な支援へと切り替えたものの、そこにはジレンマもあった。「言いっぱなしの聞きっぱなし」に象徴されるコントロールしない支援（スタッフも回復を目指す当事者でしかない＝仲間）というそれまでの立ち位置を超え、援助者のように振る舞うことは、高慢なのではないかと不安にもなったし、実際、周囲からの非難もあった。だが、三重ダルクでは、仲間の検査結果を踏まえ、これまでのプログラムに加えＳＳＴ[5]を行ったり、福祉的な支援も積極的に行うことにした。この時が、私が明確に「援助者」になった時だと自覚している。２００６年くらいのことである。これにより、薬物問題だけでなく、幅広いニーズを立体的・多面的に捉えられるようになってきた。

（5）福祉制度を活用した支援

依存症からの回復においては、家族や周囲の干渉・手助けが本人の自立を阻害するという観点から、「突き放せ」という言葉もよく耳にする。しかし、個人としての自立に何らかの困難を持つ人の場合、やみくもに突き放すのではなく、よりたくさんの支援が受けられる方がよいのではないか。そのためには、依存症だけでなく、別の視点（例えば障害）を取り入れることも有効ではないかと考えた。

これは、認知の変容よりも実生活の安定を目指すもので、環境面や収入を安定させていくことは、特に能力的ハンデを抱える仲間の継続的な回復には重要だという考え方に基づくものである。また、女性の場合、社会的自立の問題が背景にある中で薬物問題を抱えている場合も多く、生活の安定は回復上の大きな課題である。

ただ、ここでくれぐれも強調しておきたいのは、これは誰かに「診断」をつけるためではなく、より多くの可能性を見出すための方法としてのラベリングであるということだ。

その仲間の場合は療育手帳[6]を取得した。これにより、様々な福祉的支援を受けることが可能になったほか、障害年金も受給できるようになった。また、過去においては何度も人に騙されたり、財産を搾取された経験もあったので、成年後見制度も活用した。これにより、他人から借金を背負わされたりするリスクが回避できるようになったほか、従前見られた衝動買いにも歯止めがかかるようになった。

こうして福祉制度を活用した支援をスタートしたのだが、自助グループへの参加をゼロにはしなかった。これはミーティングの効果を期待してというよりは、自分をコントロールするための枠を維持することが目的である。障害の存在がわかってもなお、薬物依存のラベルは残しておきたいのである。

(6) 自認する当事者性――ラベリング

ここで少し、ラベリングについて考えてみよう。

通常、「診断」とは医学的なもの、治療のためにするものであるが、あらゆる診断は本来、それを受ける人に有意義なものでなければならないはずである。逆に言うと、その人の利益のためなら、少々違うラベルでも構わないとも言えないだろうか。実際、ダルクでも「この人は本当に薬物依存だろうか?」と思う人がいる。確かに薬物の使用歴はある。だからといって誰もが本当に「依存症」かどうかはわからない。ただ、それぞれの事情でダルクにいるのは確かである。

日本の薬物依存における自助グループの回復プログラムの核は、基本的に「語り」によるものだった。多くの人々が自分の「依存症」物語を過去と現在にわたって語ることによって、回復の概念（ストーリー）が作られ引き継がれていく。誰かの物語の中に少しずつ自分を見出すことによって、自分の物語ができていく。言い換えれば、どんな物語を聴いたかによって、受け手である人の語るストーリーも変わるのだとも言える。先出の仲間が抱えている問題の多くは知的障害によるものであった。だが、仲間の自認は薬物依存である。だからダルクにいる。この場合、どちらのラベル（当事者性）を用いる（自認）べきなのだろうか。おそらく障害者施設では、知的「障害者」として扱われ、ダルクでは依存からの「回復者」として扱われる。もし、「薬物問題を持つ知的障害者」と「知的障害を持つ薬物依存回復者」という自認の選択肢があるとすれば、「成功者」というニュアンスにおいて後者のほうが良い結果をもたらすのではないかと思う。であれば、仲間はこのまま「障害者」としてではなく、「回復者」としてやっていってもいいのではないか。それが自助グループ（ＮＡ）への参加をゼロにはしなかった理由である。先にも指摘したとおり、「診断とはその人の利益に寄与するものでなければならない」という観点からは、その人にとって有効なラベリングが何なのか考える必要がある。やみくもに「障害」を明らかにし、ダルクから切り離して既存の福祉につなげればいいというものではないのである。逆もまた真なり。ダルクにいるより福祉施設のほうが合う人もいるだろう。

（7）多様な回復の物語

ダルクにおいては、薬物以外の障害を持つ人がそれを持たない人の中で劣等生として描かれてしまうことがないよう、十分な配慮が必要である。既存の回復概念（Dominant Story）から抜け出し、多様な回復の物語（Original Story）を認めることが必要である。薬物をやめることを基準に何かができるようになること（それは仕事であったり、ダルクを出ることであったり）が回復といった価値観が強いと、一部の人たちを追い詰めることにもなる。ここに自らの回復経験をもって有意であるとするダルクスタッフ（ピアサポーター）の課題がある。それぞれのダルクスタッフが単なる自助グループの回復者にとどまるか、援助者の立ち位置を取るかにもよるが、自らの経験にないもの、異なるものを支えるには、知識の習得も必要である。このため、三重ダルクではスタッフに依存症以外の知識に対する学びを強く推奨している。[7] いま私は、アディクトというのは「薬物問題を持つ多様な人々の集合体」と捉え理解している。そして現在、三重ダルクでは、メンバーに一律にミーティングに出席してもらうのではなく、その人にとってどこがより安全で健康的で支持的な居場所なのか、ということを考えて支援するようにしている。そして、それがダルク以外であった場合、地域の福祉施設等と連携を行っているのである。ダルクに住みながら他の福祉施設に通うメンバーもいるし、福祉のほうからダルクとの連携を求めてくることもある。

2　障害者総合支援法とダルク

これまでダルクの側から重複障害の問題を見てきたが、今度は地域の側からこの問題を見てみよう。三重ダルクは１９９９年、三重県津市に開設された。全国15番目のダルクである。最初の2年間は寄付金のみに頼った運営でとても大変だった。そんな状況を見ていた県職員の方が、精神障害者のグループホームの認可を受けて補助金をもらうことを勧めてくれた。２００１年、グループホーム認可。現在では、障害者総合支援法に基づいた運営がなされている。

図1　障害者自立支援法

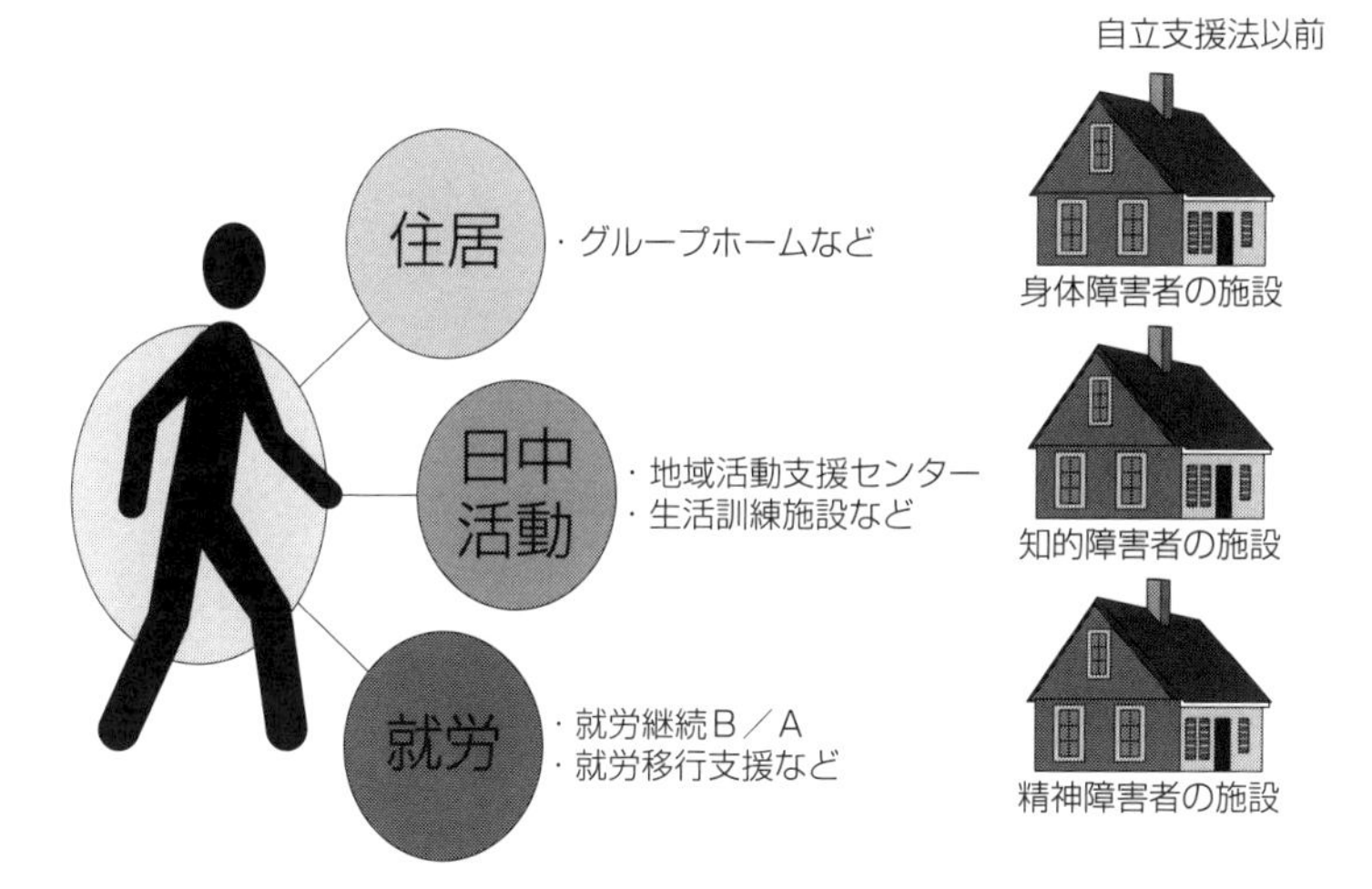

ダルクの福祉制度活用については後で詳しく述べるとして、まずは地域における福祉支援の変遷について触れておきたい。

(1) 地域における福祉支援の転換点

障害者総合支援法は、2005年に障害者自立支援法として施行された。この法律の特徴は、障害の種別ごと（「精神障害者」「知的障害者」など）の居場所をそれぞれ作り、そこに該当する障害者を集めるという従来のやり方ではなく、障害の有無にかかわらず、全ての人が地域の住民として「地域生活」を送ることを念頭に置いている。その時に必要な「住居」「日中活動の場」「就労」に関する支援をサービスとして提供するものである（図1）。これにより、「福祉」は措置機関[8]ではなく、利用者自身の選択による「契約」に基づいたサービス提供者になった。第3章[9]や第4章[10]の指摘にもあるように、ダルクの活動は80年代から90年代にかけてとても先進的であったと思う。障害者が地域社会で自由に暮らすなど考えにくい時代であった。少なくとも精神障害に関しては、80年代はまだ精神病院への閉じ込めが全盛だったし、83年に起きた宇都宮病院事件[11]を経てやっと、閉じ込め型の医療が問題視され、地域に受け皿の必要性が叫ばれるようになったのである。そうして制定されたのが精神保健法であり、グループホームや、作業所が整備されていった。これらは精神病院を出て地域で暮らし始めた障害者たちを支援する目的で生まれた。そして、既存の社会福祉士に加えて制定されたのが精神保健福祉士の国家資格である（97年）。精神保健福祉士は、精神障害者の傍らに立って相談を聞き、精神病院から地域生活に移行した障害者の日常生活を支えるのが仕事である。察しの良い方はお気づきと思うが、これはまさに、ダルクのスタッフが薬物依存者に対して行ってきたことそのものであるのだ。つまり、国や社会が精神障害者を病院に閉じ込めていた時代に、すでに近藤恒夫たちは地域の中にダルクという居場所を作り、その日常生活を支える活動を始めていたのである。

その後、１９９９年には物質乱用が精神障害に明記されている（施行は２０００年）。これにより、薬物依存やアルコール依存は「精神障害」の一つとして扱われることになった[12]が、現実的には、地域の福祉が依存症の支援に乗り出すことはほとんどなかったように思う。この分野は、相変わらずダルクやマックなどの当事者活動をベースにした支援団体に委ねられていた。同じ精神障害でありながらも、アルコールや薬物依存は福祉の支援対象から外されることが多かった。この点で、ダルクは先進的だったといえるのである。

しかし、2005年に障害者自立支援法が施行されると大きく様子が変わった。先ほど述べたように、障害者自立支援法では、それまでの支援構造から大きく転換を図っている。それは、障害種別ごとの受け皿を撤廃したことであり、利用する障害者自身の決定による契約であるという点である。「精神障害者の居場所」「知的障害者の居場所」「身体障害者の居場所」という区分けが消滅した。代わりに、「住居」を提供する事業所、「日中生活の場」を提供する事業所、「就労」を支援する事業所といった具合にサービス提供者が現れ、それを組み合わせて利用する形となった。

(2) ダルクと福祉制度

この中で三重ダルクは、住居支援としてグループホーム、日中支援として生活訓練・就労B型事業所を選択して認可を受け運営している。

グループホームは仲間たちの生活の場であり、スタッフの仕事は主に生活面の支援である。具体的には、金銭管理、通院の同行（精神科・内科・歯科など）、ハウス内での掃除や洗濯などの日常動作を身につけるサポート。栄養状態を把握して極端に偏食等が見られる場合には、栄養バランスの助言をしたり、一緒に調理したりする。また、夜間に悩み事の相談に乗ったりする。

生活訓練では、依存症の改善のための取り組みを行っている。グループミーティング、テキスト（認知行動療法）、ヨガ、ボランティア活動、演劇セラピー等を通じて、自分の課題を整理し、建設的な解決法を身につける。また、自分の情報を開示し、助けを求めることも覚えていく。

就労B型事業所では、畑作業、弁当調理、販売、配達などを行い、他者との協調性、作業に対する責任感・継続性をトレーニングする。これには、就労自立を前提としたトレーニングの意味もあるが、重複障害のため一般就労が難しい仲間の活躍の場にもなっている。

三重ダルクでは、もともとダルクが行ってきた活動内容を大きく崩さないよう、制度をダルクの側に引き寄せて活用することを心がけている。運営のために皆が身をよじらせて無理をしたり、本来役に立たないようなことをしたのでは本末転倒だからである。だが、残念ながら税金をいただく構造上、要求される責務は少なくないし、矛盾を感じる点がないわけではない。そのいくつかを紹介しよう。

(3) 福祉制度活用のメリット・デメリット

①メリット

ダルクが福祉制度を活用する大きなメリットの一つは、運営の安定だろう。これは建物の維持しかり、職員の安定した雇用はダルクそのものの安定をもたらす。だが、私が感じている一番のメリットは、ダルクではなく、利用する人たちのものである。ダルクの運営が国からの給付によって賄われることは、利用する人からの金銭的負担をなくすことにつながる。いわゆる「利用費」をいただかなくて済むようになるからである。特に生活保護の場合、ダルクに利用費を収める金銭的余裕はない。健康的で文化的な最低限の生活基準である。だから、ダルクが福祉施設としての認可を受けることによって、この生活保護費をすべて自分の生活にあてることができるようになる。

また、認可施設ともなれば、「監査」を含む外部の目が常に入ることとなり、会計の透明性や虐待の防止など、密室的環境がもたらすリスクを低減できる。

② デメリット

1．計画相談の課題

現在では、福祉施設を利用するにあたっては「計画相談」というものが必要である。指定の相談事業所に行き、自分が望む福祉サービスの計画を立てなければならない。そして、この相談員のほとんどが依存症には詳しくないというのが現状だ。

あるケースを例に挙げると、精神病院を退院してダルクに通うことになった30代の男性の場合、立てられた計画の第1項目が「薬物のない健全な生活を送ること」であった。それに、朝起きて夜眠る生活のリズム（規則正しい生活）についての記載が続く……。さすがにそんな計画ではダメだと、やんわりではあるが指摘させていただいた。そして本人には、仮に薬物を使ってしまったとしても、ダルクに通うことはやめないで継続するようにと伝えた。経験のない人にとって、薬物は前提としてあってはならないものであり、当然、福祉支援計画にも「薬物のない健全な生活」が第一に掲げられることになる。薬物の使用なんかあってもらっちゃ困るのである（笑）。さすがにこの本を手に取っておられる方々は、この冗談のような話を笑って理解されることだろう。ダルクに来る人は薬物をやめられなくて困っているのに、薬物のない生活など誓わされたら、ダルクに来られないではないか。しかし、残念なことに、これが一般的な福祉関係者の理解と言っていい。私たちは積極的にこの計画相談に参与して、アディクトのための計画を立てなければならない。

同様に、偏見もまたやっかいな問題である。多くの福祉施設は薬物に関連する人を受け入れたがらない。それが何年も前のことであっても、経歴の中に「薬物」の文字が見えると利用を断ってくることが多い。本稿の前半で書いたような一人ひとりの特性など全く無視して、ただ薬物歴があるというだけで断られてしまう。刺青の有無なども同様である。

少し話が逸れてしまうかもしれないが、この点に関して、大切なことを記しておきたい。昨今、ダルクがメディアに取り上げられることは多いが、ダルクがメディアに出て語るときは慎重になる必要があると感じている。生々しい薬物体験や刑務所などへの収容体験を語ることは、その問題を持った当事者には「安心」と「希望」のメッセージかもしれないが、一般的な世の中の反応としては、「恐ろしい」以外の何物でもなく、私たち自らが偏見を作り出してしまう可能性があるからである。私たちは普段から地域社会に対し、どんな表現を用いるべきか、慎重になる必要がある。

2．望まないことを福祉計画に盛り込めるか

もう一つは、「契約」がもたらす問題である。

薬物依存者は自分が望んだとおりの行動をすれば回復できるかというと、そうではない。むしろ、その逆かもしれない。ダルクに来た薬物依存者は、それまでの自分の生き方を振り返り、行動を変えていく必要がある。薬物につながるような考え方、行動パターンを無条件に手放し、新しいものに入れ替えていかなければならない。この時、スタッフを含む「回復者」の人たちからの助言やアドバイスを受け入れる必要があるのだが、人はなかなか素直に他人の助言を受け入れられるものではない。アディクトであればなおさらである。時に対決が生じることもある。これは回復をしていく上では自

然なことである。誰だって多かれ少なかれ、山あり谷あり進んでいくものだ。だが、その瞬間は、反抗的にもなるだろうし、緊張関係が生じる。ここで仲間は「古い生き方」と「新しい生き方」の中から「二つのものを見分ける」のだろうし、ダルクの先輩方のお言葉を借りれば、「嫌なほうを選ぶ」時なのである。苦手なことを避け、今までどおりのやり方を押し通していれば、それはまた過去と同じ結果を生むことだろう。だから、ダルクとは、ある意味「嫌なことをやる」ところである。ところが、障害福祉の分野では、「本人の望む生活を実現する」ために本人の望む計画を立てると言っている。だが、アディクトが望む生活をそのまま計画にしたら、どうなるのだろうか。再び薬物を使ってしまうことにならないのだろうか？　したいこととすべきことは必ずしも一致しない。本当はアディクトが望まないことも計画に盛り込まなければならないのではないのか？

こういったことから、福祉支援計画の策定に私たちが積極的に参与する必要を強く感じている。これまでの多くの回復経験が今こそ地域社会に還元される時なのではなかろうか。

まとめ――依存症ネットワークの必要性

これから地域の中で依存症ネットワークのようなものが重要になってくるだろう。三重県の場合、2005年に三重ダルクが県に対して政策提言を行い、協働事業を開始した。県の精神保健福祉センターと協働で、毎年県内7か所ほどを回り、その地域の関係者（保健所・病院・福祉施設・障害福祉課・生活保護課・警察・消防・保護司会・近年は保護観察所）等を集めて依存症ネットワーク会議を行っている。依存症に関しての偏見や誤解を解くために始めた。社会防衛的な予防教育しか受けていない援助者たちによる忌避的対応、受け入れの拒否をなくすためである。また、説教を含む批判的対応、過度な保護的関わりについても、参加者みんなで考えるようにしてきた。その題材を提供してきたのがダルクである。それは、その依存症からの回復者が一番多く集まっているのがダルクだからである。問題の解決を知るためには、回復者に聞くのが一番いい。

今から十数年前、医師を中心とした専門家の話は聞くが、回復者の話など聞いたこともないような援助者が多いことを残念に思っていた。私は事実を地域社会に伝えたかった。だから共通の理解を持てるようネットワークを進めてきた。ここ数年は断酒会の方々にもネットワークに入ってもらっている。その甲斐あってか、今日三重ダルクには県内各地からの相談や連携の電話がひっきりなしにかかってくる。三重県の利用者が多いのも、三重ダルクの特徴である。これは1日でできたことではなく、長い年月をかけて構築してきたネットワークそのものである。私たちは今、単に「ダルク」という団体活動を行うのではなく、まさに地域の資源として活動を続けているのである。

【注】

(1) ナルコティクスアノニマスＩＰ。
(2) 星野仁彦『発達障害に気づかない大人たち』（祥伝社新書、二〇一〇年）91～96頁。
(3) アルコホーリクスアノニマス。
(4) 自助グループにおけるアノニミティ。
(5) 社会技能訓練 SOCIAL SKILLS TRAINING。
(6) 障害者手帳の一つ。知的障害者に給付される。
(7) 多くは保健福祉系の大学を通信課程で学び精神保健福祉士等の資格を取得している。
(8) 本人の同意ではなく行政機関等により決定されること。
(9) 58ページ～、市川の稿を参照のこと。
(10) 73ページ～、東京ダルク幸田の稿を参照のこと。
(11) 宇都宮病院で起きた職員による患者への暴行致死事件。人権の観点から国際的非難を浴び、日本の精神医療が大きく方向転換するきっかけとなった。
(12) 多くのダルクが福祉施設としての認可を得るようになったのもこの時期である。三重ダルクの他に、高知ダルク、大阪ダルクなどが福祉施設として認可されている。

近藤恒夫との対話――これからの回復支援

本書を締めくくるにあたり、日本ダルク創始者・代表の近藤恒夫と本書執筆者（中川賀雅（長崎ダルク）、加藤武士（木津川ダルク）、市川岳仁（三重ダルク）、幸田実（東京ダルク）、飯室勉（仙台ダルク）、山本大（藤岡ダルク）、栗坪千明（栃木ダルク）、佐々木広（山梨ダルク）、森亨（北海道ダルク）、白川雄一郎（千葉ダルク））との対話を収載した（執筆者の発言はすべて「A」等とする）。ダルクのこれまでを振り返り、これからの回復支援のあり方を展望する。

ダルクは当事者が当事者とともにやっていく場所

近藤　これまで日本ダルクの活動に対して、何の圧力を感じたこともない。今思うと日本はいい国だと思う。何もしてくれなかったから、ダルクは生き延びてこられた。たとえば国家的に大きな予算が出るというようなことがあれば、分裂の兆しが見えるときじゃないかと思う。そういう意味では、何もしてくれなかったからダルクは自立せざるを得なかった。

Ａ　30年たって、僕らはこうして集まっています。我々に何か思うところがあれば、忌憚なくメッセージを送ってほしい。

近藤　ダルクは薬をやめさせるところじゃない。それは無理だ。やめさせるところは、警察とか刑務所とかの違う場所だよね。ダルクは当事者が当事者とともにやっていく場所だから。そうすると、スタッフであろうと入寮者であろうと、その役割は誰でも担えることになる。利用者とスタッフという仕切りは必要ないんじゃないかな。

Ａ　僕らが10人くらい集まっていることについて思うことは？

近藤　それぞれのダルクの目指すところが一緒じゃなければならないということはない。自分たちの持っている資源を有効に活用すること。それぞれのスタッフ、責任者のタレント（才能）が大切。俺のタレントは他のダルクでは役に立たない。それは自分でよくわかっている。ひとりひとり持っているものが違うわけだから、自分の持っているものでやらないといけない。持っていないものでやっちゃだめだよ。

Ａ　ズバリ、我々に何か期待していることはありますか？

近藤　期待は別にないね。

Ａ　自分たちのセンスで自分たちのやりたいことを勝手にやれば、というメッセージですね？

近藤　俺たちは12ステップで歩いてきたわけだ。12ステップで共通の問題を解決してきた。「いや、そうじゃないよな」と思うことがあっても、俺がどうのこうのというよりは、12ステップがいろいろな歯止めになっていたんじゃないかな。最後に目指すところはバラバラでいいんだという思いがいつもあった。それは、NAやAAから学んだことで、こうしちゃだめだとか、組織化しないほうがいいとか、バラバラでも一体性があるとか、そういうところは自助グループから学んできたことじゃないかな。

A　そうすると、ダルクのスタッフと自助グループとのかかわりは絶対必要だと思いますか？

近藤　もちろんそれはそうだろうね。やっぱりそうなっていかないといけないね。

A　バラバラでいいというのは、多様であっていいということですよね。だけども、ちゃんと一体性がある。まだ苦しんでいるアディクトと一緒に歩くという部分で統一されている。ダルクのスタッフというのはやはり、「自助の哲学」みたいなものを持ち合わせているべきだということでしょうか？

近藤　たぶんそうじゃないのかな。

A　今後、依存症対策ということでは、当然、当事者ではない国や専門家などの人たちが、いろいろなプログラムを作ってくるし、その中には、ビジネスモデルもたくさん現れてくるだろうけれども、近藤さんが考えるダルクは、自助の感覚を持ってやるべきということですね？

近藤　もちろんそうだね。そっちのほうが間違いがないね。

ダルクが組織ではない、というのはどういうことか

A　せっかくなんで、我々からも近藤さんに質問をぶつけていきましょうか。

B　自分はずっとサラリーマンやってきたこともあり、「組織化されていない」ということがよくわ

からない。どこのダルクも別会計でやっていて、お金も入ってきて、それを使う口座も持っていて、責任者がいて、スタッフがいて、という組織じゃないですか。自助グループだってボード（委員会）があって完全に組織だと思う。「組織じゃない」ということについて、ぜひ、近藤さんのような先人たちに聞きたかったのね。どこをもって組織じゃないと言っているのか。

C　日本全部のダルクが一つの組織じゃない、ということですね。

近藤　一つ一つのダルクは自立的であるということでいいんじゃないの。一つの組織にしちゃうと、俺に嫌われたヤツは絶対ダメということになっちゃうから。

A　ダルクというのは、団体の名前じゃなくてカテゴリーなんじゃないの？　それぞれのカラーで、当事者が当事者の手助けをすることが「ダルク」なのだとしたら、ダルクとはこういうものであるというのはないんじゃないの？　その基準を持った日からダメなダルクが出てきて、近藤さんににらまれたら終わっちゃう。そういう意味で非組織的なんでしょ。

D　だけど世間は組織だと思うでしょう。ただ本部機能がないだけで。

A　ダルクという名前は一個しかないのに、その団体は何十もある。そのあり方は多様。それを受け止める側の社会は、これをカテゴリーとは理解していない。

近藤　それはこっちがわかってればいいんじゃないの。

D　内部的には、組織ではないという思想を持った組織だよ。

E　トップダウンの命令がないから、それは組織じゃないんじゃないの。ただの「つながり」なんじゃないの。

F　こういった組織が社会にないからね。ある意味すごいことでもあるし、わかりづらい。
C　たとえば、カトリックやプロテスタントも組織じゃないでしょ。だけど、その一派が事件を起こせばキリスト教がまずいという話になってしまう。
B　ダルクと付き合いが長い人でも、中に入ったことがないからよくわかってもらえない。
F　どこかのダルクで事件が起こったりしたら、世間はこちらのダルクもそういう目で見るんじゃないかなと漠然と思う。

ダルクの活動と「余計なおせっかい」

A　逆に近藤さんは何でもよいと言うけれど、本当に何でもよいのかな？　これはあかんやろ、ダルクでこれはNGだということはないんだろうか？
近藤　ないんじゃないの、そういうの。これはダメだというものはない。
C　法律に触ることは？
近藤　ダルクのスタッフが売人やってるとか。そういうのはダメだな（笑）。
C　ダルクじゃないけど、別の施設で一時期、酒はOKというところもあったでしょ。それからヨーロッパの依存症の施設なんかでも、フランスではワインOKというところもある。でも、12ステップが元になっているNAの考えでは、お酒はダメでしょ。お酒をOKにするのなら、ダルクの看板を下ろさないとダメでしょ。

A　ダルクの看板を下ろせばよいという話だけど、そういう話になっても近藤さんは良いとか悪いとかは言わないと言っている。

近藤　もし、そういう所があったら自然消滅すると思うよ。

A　やっぱり自然淘汰ということか。誰かが何かをジャッジしたり、良いとか悪いとか、ましてや、ダルクの名前で除名だの除籍だとか言うのではなく、ごく自然にそれは成り立たなくなる。

G　今、ダルクではお酒はダメだとみんな知っているから、「うちのダルクはお酒OKです」とか言ったら、俺たちがワーワー騒ぐ前にまわりの人たちが「それはおかしいでしょ」とたぶんいうと思うんだよね。

B　まわりの人はそうは言わないんじゃないか。お酒は法律で許されているんだから。

A　そのことも含めて僕思うんですけど……。誰もはっきり明言はしないけど、ダルクって、やっぱりNAメンバーの良心に基づいたサービス活動なんじゃないの？　NAではできないことを補完的にダルクが補ってきたというか……。

近藤　回復途上の人にどういうサポートが必要なのかと考えた時に、バラバラなところに住んでいたらサポートできないから、まとめたらいいんじゃないかな、と思ったのが一つ。この人たちに、少なくとも3か月間は毎日ミーティングに来てもらうにはどうしたらいいのか、ということで考えたのがダルクだから。

A　回復って、本来自分で主体的に決めてやることなんだけど、そこが自分で決められない人たちもいるので、余計なおせっかいをしたらどうなるか、ということをやったのがダルクだってことですね。

近藤　それが原点。しかし、ＮＡの伝統には施設を持っちゃだめだと書いてある。俺は初めは、ＮＡのクラブハウスみたいなものを考えていたわけ。ところが、それは施設になるからダメだというのが大方の意見だった。じゃあ、ということで、「ダルク」として、家を借りて共同生活して、１日３回のミーティングをやるということにした。

Ａ　それを聞くとやっぱり僕は思うわけですよ。ダルクのスタッフとは、誰もハッキリとは言わないけれども、余計な世話をするＮＡメンバーということになる。理想、理念として、少なくとも近藤さんはそう思っている。それはＮＡメンバーとしての良心。ステップなり、伝統といったものがあれば多様性が担保されるだろうし、回復に誘う言葉も「もしよろしければ」という言い方になるだろう。営利ではなく、アディクトと一緒に生きる、というところに向かっていく。それを言い換えると、ＮＡのスピリットがダルクのスタッフの中に流れているということになるんじゃないでしょうか。

近藤　そのスピリットさえあれば、後々間違いないんじゃないかなと思う。

Ａ　それをＮＡの名前でやることはもちろんできないので、ダルクという名前だったのだろう。非常にわかりやすいと思います。

今再び、ダルクのスピリットを共有する必要がある

Ａ　近藤さんは、ダルクが今みたいになるように、この分野を30年間引き受けることを狙ってたんですか？

近藤　ないない。いつ潰れてもいいような奴ばかり集まっていたから。夜中の12時に裸で走り回っている奴とか。正直、ダルクは保たないなと思った。最終的にはハイヤーパワー（神のご加護）だよ。最初は暴力団のたまり場みたいな感じで、刺青している人たちが多かったんだけど、社会には必要だと思われたんだろうか。俺だったら、ダルクが自分の家のそばにあるということは許せないよ。誰にも相手にされなかったから保ったんだよ。変に期待されていたら大変だったろうな。ドラッグ・アディクション・リハビリテーション・センターの頭文字をとってDARCというアイデアを出したのは俺だけど、それからもう一つ、ロイさんはノアの箱舟はフランス語では「ダルク・ドゥ・ド・ノア」と言う、だからダルクでいいんじゃないのと言った。

A　やっぱり、今この瞬間のような、こういう分かち合いの時間が僕らに必要だと思います。僕らは普段、それぞれの土地でダルクをやっているわけだけど。

近藤　まあAAではよくやってるよ。たとえばMACなんてよくやってますよ。

H　15年以上前だけど、JCCA（日本カトリック依存症者のための会）の中にJ-DARCという集まりを作っていた時代があったでしょ。それは、この八重洲の集まりプラスちょっとくらいの大きさだったのだけど、一気に参加数が多くなっちゃって。あれがなくなっちゃって、こういう集まりというのは、関東とか関西とかはあるんだけど、九州ではこういう横のつながりというのは全くないよね。個人的なつながりはあったとしても。

A　JCCAの98年の東京の研修の時に、大阪MACの田島巳喜男さんと、みのわマックのヤマシンさん（代表の山本晋一氏）が出てきて、ダルクからは近藤さんとケンさん（名古屋ダルク代表・外山憲治氏）がしゃべった。あれはインパクトがあった。僕はダルクスタッフとして、あの時の話をずっと引き継いでいるんですよ。今日のような、こういう話をもっと聴かせてほしいと思う。

D　今ダルクを始めて3年とか5年の人たちって、近藤さんと接する機会もないだろうし、そういう意味では必要なのかもね。

H　最近の人たちは、運営のやり方みたいなことばっかりを重要にしているような気がする。たとえばグループホームにすればどうだとか。

A　それは今の時代にとても必要なことなんだけど、テクニカルな部分ばかりが知られていって、もっとも大切なベースにあるものがなくなってしまっている。

D　今日のような話の中で近藤さんの思想の深いところを知るわけじゃない。ダルクを始めて年月の浅い人たちは、フォーラムで近藤さんが話している「ダルクは自分の好きなようにやれ」というところだけをかいつまんでやろうとするから、こういう時間の中で、もう少し近藤さんの思想だとか理念だとか考え方を、ダルクの歴史も含めて深いところを知る機会が必要かもしれないね。

A　もう少し言うと、ダルクの美しいところを共有する必要があるかな。

特別寄稿　薬物依存症からの回復とダルク

成瀬　暢也（埼玉県立精神医療センター副院長・埼玉ダルク理事）

はじめに

わが国には、薬物依存症の標準化された治療システムはない。特に、覚せい剤などの違法薬物では、中毒性精神病の入院治療が終了すると、依存症の治療を施したり専門機関につないだりすることなく、早々に退院処遇となるか警察に引き渡される。これまで、わが国の問題薬物は覚せい剤と有機溶剤が主であり、ともに精神病症状を引き起こすことから、精神科医療機関が関与せざるを得なかった。ただし、中毒性精神病の治療に限定され、依存症の治療は行われてこなかった。

２０１６年６月に刑の一部執行猶予制度が施行された。今後、覚せい剤事犯者が刑務所から執行猶予期間を残して社会に出てくる。保護観察所で治療的支援を行うが、医療機関は現在のところ全く無関心である。現在、わが国の薬物依存症の専門医療機関は10施設程度しかなく、全く需要を満たしていない。薬物依存症に関しては、まさに「無医村」的状況が続いている。薬物依存症者は精神科医療機関から忌避されている現状で、治療の場を確保することは重要かつ緊急の問題である。

一方で薬物依存症の回復支援施設であるダルクが、80施設にまでに増加した。このことは、薬物依存症からの回復支援の需要と必要性を示していると同時に、一民間施設であるダルクが、その役割を一手に担わざるを得ないわが国の貧困な薬物行政を象徴している。

このような状況で、わが国の薬物依存症の回復を30年にわたって一貫して支えてきたダルクの特徴と果たしてきた役割について検討し、これからの薬物依存症の回復支援について考えてみたい。

1　薬物依存症とは

依存症は単なる我慢や意志の問題ではなく「病気」である。このことが最も重要な点であり、誤解されやすい点でもある。

「乱用」とは物質使用上のルール違反をいう。違法な薬物は1回使っても乱用である。ガソリンを吸う人がいる。ガソリンは車を走らせるものであり、本来の目的とは異なるため乱用である。睡眠薬を医師の指示通りに服用しないことも乱用である。

「中毒」は毒にあたるということ、つまり物質使用による脳を含めた身体のダメージのことである。本人の意思に関係なく、物質が体内に入り健康障害を引き起こせば中毒である。中毒には急性中毒と慢性中毒がある。

そして、「依存」は物質使用のコントロール障害である。止めたくても止められないブレーキの壊れた状態を指す。つまり、乱用により急性中毒の症状がみられ、乱用を繰り返すと依存が形成される。依存が形成されても乱用を続けていると慢性中毒の症状を引き起こすようになる。

国際的診断基準であるICD-10では、①強い渇望、②コントロール障害、③離脱症状、④耐性、⑤物質中心の生活、⑥有害な結果が起きていても使用、の6項目のうち1年間に3項目以上満たせば依存症と診断される。依存症はありふれた病気であるが、本人も周囲も依存症という認識をもちにくい。

2　薬物依存症の治療

依存症の治療は心理社会的治療と薬物療法に大別され、前者が主となる。治療の構成は、①治療関係づくり、②治療の動機づけ、③精神症状に対する薬物療法、④解毒・中毒性精神病の治療、⑤疾病教育・情報提供、⑥行動修正プログラム、⑦自助グループ（NA）・リハビリ施設（ダルク）へのつなぎ、⑧生活上の問題の整理と解決援助、⑨家族支援・家族教育からなる。

①治療関係づくり

依存症に取り組む際に、良好な治療関係を構築することが極めて重要であることは、他の精神疾患と同じである。このことを丁寧に行う。はじめから忌避感情をもった対応は、患者に敏感に察知され、治療は失敗に終わる。

②治療の動機づけ

患者の健康な面、前向きな面を十分評価し、「患者がどうしたいか」「どうなりたいか」に焦点を当てた治療目標を設定する。その際に動機づけ面接法や随伴性マネジメントを取り入れると効果的である。

③併存する精神症状に対する薬物療法

渇望につながる不安・焦燥感・抑うつなどに対しては薬物療法が有効である。併存する精神疾患の存在の有無を評価し、必要な薬物療法を適切に行う。その際にベンゾジアゼピン系、バルビツール系などの処方薬依存形成に注意する。

④解毒・中毒性精神病の治療

中毒性精神病や連続使用などで解毒が必要な場合は入院治療を行う。その際に、「薬物渇望期」についで知っておくことが大切である。

⑤疾病教育・情報提供

他の慢性疾患に対して行われる疾病教育・情報提供と同じである。介入ツールを利用すると関わりやすい。患者は薬物に関して誤った知識しかもっていないことも多い。正しい情報提供が患者の認識を変えることもある。

⑥行動修正プログラム

依存症に関しての個人面接、教育、簡便なワークブックの利用だけでも治療的である。最近、ＳＭＡＲＰＰなどの、ワークブックとマニュアルに基づいた方法が普及している。

⑦自助グループ・リハビリ施設へのつなぎ

自助グループ（NA）やリハビリ施設（ダルク）から出向いてくれる「メッセージ」を利用するか、スタッフや家族同伴で参加する。回復者と直に接することは、貴重な体験となる。家族には、家族の自助グループや家族会に入ることを促す。

⑧生活上の問題の整理と解決援助

患者と共同で現実的な問題の整理と解決を進めることは重要である。問題が大きいと、簡単に治療意欲が頓挫する。利用できる社会資源の活用、問題の優先順位に沿った対処計画の作成などを、患者の自主性を妨げずに支援する。

⑨家族支援・家族教育

家族に負担が集中しており疲弊していることが多い。家族の労をねぎらい、家族の状態に応じて望ましい対応を提案していく。家族が家族会や家族のグループにつながり続けると、ストレスは軽減し適切な対応ができるようになる。

3　これまでのわが国の依存症治療の問題点

これまでのわが国の依存症治療における治療者側の問題点は、表1のようになる。医療現場ではスタッフの間で次のようなやり取りがしばしばみられた。「否認が強いから回復しない」「もっと底をつかないとダメだ」「本人がやめる気にならないと変わらない」「薬物患者は治療が続かない」「もっと

表1　これまでのわが国の依存症治療の問題点

1．ミーティングへのつなぎが唯一絶対的であった
2．治療者側の枠に患者を合わせていた
3．治療枠に適応できない患者は排除された
4．治療がうまくいかないと原因は患者に帰された
5．治療者側が提供できる手段は限られていた
6．患者の動機づけに関係なく一律の治療であった
7．患者が指示通りに応じないと対決していた
8．対等な立場というよりは指示的・教示的であった

痛い目に遭わないとやめられない」「一生回復しないよ」「もう入院させないでください」「また入院させてどうするのですか」などである。

依存症治療における「神話」として、原田隆之が指摘している内容を基に示す。これまで「当然のこと」と信じられてきた考えが、実は何の根拠もなかったことに驚かされる。

（1）「依存症の治療には『底つき』が必要である！」

治療者は、これを理由に動機づけをせずに患者を放置してきた。しかし、単に援助を断ち切って患者に辛い思いを強いる方法にエビデンスはなく、非常に危険である。

（2）「回復にはミーティングしかない！」

治療者は、これを理由にミーティング（自助グループ）につながらない患者を排除してきた。ミーティングは有効であるが、他に同等の有効性が認められている治療法もある。

（3）「自分から治療を受ける気持にならないとダメ！」

治療者は、これを理由に動機づけすることを怠ってきた。また、海外の例を見るまでもなく、強制的な治療であっても適切な治療を受けることにより効果が期待できる。

(4)「依存症の治療は続かない！」

治療者は、治療中断の原因を患者に帰していた。依存症は慢性疾患である。糖尿病など他の慢性疾患も同程度の脱落率であることが報告されている。治療継続のために治療者側が十分配慮することが求められる。

(5)「何が何でも断酒・断薬をめざすしかない！」

断酒・断薬をにわかに受け入れられない患者は、治療から排除されてきた。患者に変わりたいという思いがあれば、害を低減させる方法（ハームリダクション）から試みることが自然であろう。

4　海外で実践されている心理社会的治療

海外で実施されているエビデンスに基づいた治療技法の中から、主なものを取り上げて紹介する。

(1)　動機づけ面接法

動機づけ面接法は、治療への動機づけを高めるための認知行動療法的技法であり、「やめたい」「やめたくない」という矛盾点を意図的に拡大し、本人の「やめたい」方向を選択的に強化する。実際には、変化の方向へ向かう具体的な発言（チェンジトーク）を積極的に引き出す対応を行う。チェンジトークが多ければ多いほどその方向に行動が変化するというエビデンスに基づいた戦略を採る。傾聴を重視して抵抗への対決を回避するため、否認の強い患者にも有効である。また、指示的で直面化を多用する方法より有効である。専門的な技法であるが、対応の基本を知っているだけでも治療的に有用である。

（2）認知行動療法的スキルトレーニング

対処スキルトレーニングは、認知行動療法の中心となるものであり、個人に特有の危険な状況を明らかにして、それを回避したり　積極的に対処したりする治療技法である。たとえば、薬物仲間や売人からの電話やメール、入手していた場所、繁華街、週末、給料日、ストレスが高まったときなど、自分に再使用が起こりやすい状況を知り、その対処を行う。危険な状況を意識することなく薬物を使ってきた行動を、別の適応的行動に置き換える。

（3）随伴性マネジメント

随伴性マネジメントとは、治療の脱落を防止し、動機づけを維持するための行動療法的技法であり、治療に参加するたびに報酬を与える。報酬が除去されると効果は消失するため、動機づけ面接法を併せて行う。罰と報酬を適切に提示・実行することで効果が得られるが、罰より報酬が人を動かす。

（4）12ステップ・アプローチ

最初の自助グループであるアルコホーリクス・アノニマス（ＡＡ）は、米国で１９３５年に設立され、現在、世界的に最も普及している治療モデルである。ミーティング参加により、社会的支援を強化し、依存症に対処する方法論を学び、スピリチュアリティへの理解を促していく。この方法は、回復の経験から得られた多くの知恵と哲学に裏づけられている。ＡＡは組織化されず匿名性を重んじ、個人参加が基本である。薬物依存症者にはＮＡ（ナルコティクス・アノニマス）がある。ダルクはＮＡの提案に沿ったプログラムを実施してきた。

これらの心理社会的治療を提供する治療者に共通して求められることは、患者に対して敬意を払い、自尊感情を傷つけることなく、対決せずに患者を動機づけしていく姿勢である。

5　薬物依存症の背景にあるもの

依存症のもとには対人関係障害があるといわれる。実際、依存症患者の多くに「自己評価が低く自分に自信がもてない」「人を信じられない」「本音を言えない」「見捨てられ不安が強い」「孤独でさみしい」「自分を大切にできない」などの特徴がみられる。

治療者・支援者は、これらの特徴を十分理解して患者に関わることが重要である。基本的には、彼らを「尊厳あるひとりの人間」としてきちんと向き合うことである。

一般的に我々は薬物依存症者に対して、初めから「厄介な人」「怖い」「犯罪者」などの陰性感情をもつことが多く、そのことを彼らは敏感に感じている。そのため、治療者の何気ない言葉や態度に傷つき、怒りや攻撃性を高めてしまう。治療者側が患者に対して陰性感情を持った場合、速やかに修正できないと治療は失敗に終わる。

一方、彼らの中に「このままではいけない」「変わりたい」「回復したい」という思いが存在することも事実である。そして、自分を理解してくれ、安心して本音を話せる存在を求めている。人の中にあって安らぎを得ることができなかったために、薬物による仮初めの安らぎを求め、のめりこんだ結果が依存症である。とすると、人の中にあって安心感・安全感を得られるようになったとき、薬物によって気分を変える（酔う）必要はなくなるはずである。依存症からの回復のためには、基にある対人関係の問題を改善していくことが必要である。その回復を実践する場が、ダルクでありＮＡである。これら「回復の土壌」につなぐための準備と橋渡しが、医療機関の重要な役割である。

依存症患者にはしばしば他の精神疾患や精神症状を伴う。これらの状態や症状に対して適切に対処することは、依存症からの回復のために大切である。併存疾患が依存症の回復を妨げていることも少なくない。発達障害などの併存疾患を有すると、集団の治療プログラムや自助グループのミーティングにつながることが困難になりやすい。その際は患者に応じた個別メニューや時間をかけた治療介入を要する。依存症と併存疾患の治療は、同一の医療機関で統合的に進めていくことが奨励されている。

そもそも薬物乱用者は、一般に「興味本位で薬物に手を出して嵌った犯罪者」とみられることが多いが、薬物依存症者の薬物乱用は、「人に癒やされず生きにくさを抱えた人の孤独な自己治療」という視点が最も適切であると感じている。彼らの多くは、幼少時から虐待、いじめ、性被害など深い傷

表2　依存症患者への望ましい対応

1. 患者ひとりひとりに敬意をもって接する
2. 患者と対等の立場にあることを常に自覚する
3. 患者の自尊感情を傷つけない
4. 患者を選ばない
5. 患者をコントロールしようとしない
6. 患者にルールを守らせることにとらわれすぎない
7. 患者との1対1の信頼関係づくりを大切にする
8. 患者に過大な期待をせず、長い目で回復を見守る
9. 患者に明るく安心できる場を提供する
10. 患者の自立を促す関わりを心がける

を負っていることが驚くほど多い。そして、人と信頼関係を持てず誰にも話したり助けを求めたりできない。対処できない困難に直面するとき、解離、自傷、拒食・過食、そして薬物使用などにより何とか生きのびてきた。当然、自殺に向かう例も多い。彼らはとんでもなく死に近い人たちであることを知っておく必要がある。

物質使用の有無ばかりに囚われた近視眼的な関わりになることなく、その背景にある「生きにくさ」「孤独感」「人に癒やされなさ」「安心感・安全感の欠乏」などを見据えた関わり・支援でなければならない。

最近、わが国でも依存症治療は大きく変革してきている。その主な理由は、先に述べた海外で豊富なエビデンスのある治療法が導入されてきたためである。この新しいアプローチは、患者と対決せず、患者の変わりたい方向へ支援し、よい変化に注目して十分評価する。失敗しても責めることなく、フィードバックしてよりよい方策を話しあう。これまでの依存症治療の悪

しき点として、「患者を甘やかすな」「痛い目に遭わないとわからない」「言うとおりにしないと入院させない」といった誤った治療スタンスがあげられる。

患者に敬意を払い対等の立場で患者の健康な面に訴えかけていく、という当たり前のことがなされてこなかったという反省に立ち、筆者が提案しているのが表2の10か条である。これらは、依存症患者に対して決して特別なものではない。あらゆる精神疾患の患者に対して、さらには健常者同士のコミュニケーションにおいても当たり前に大切なことである。この当たり前の対応を治療者が薬物依存症者に対してもできるか否かが問われる。この基本的な治療者の姿勢が維持されなければ、どんなに優れた「高級な」治療を行ったとしても、望ましい治療であるとは言えない。

Millerらは、治療者の共感的態度こそが治療の効果を左右するとしている。「誰が治療するか」が、「どの治療を選択するか」よりも治療効果を左右する可能性がある。さらに、認知行動療法の有効性は実証されているものの、症状の改善した患者が必ずしも新しい対処スキルを使っているわけではないという報告もある。

これらの意味するところはきわめて大きい。心理社会的治療技法の如何にかかわらず、回復のためには、治療者との良好な治療関係の上に動機づけがいかに進められるかが重要であることを示している。それが、自助グループ（NA）やリハビリ施設（ダルク）につながることであれ、認知行動療法的スキルトレーニングであれ、他の治療法であれ、結局は、患者が「安心できる居場所と信頼できる仲間」ができたときに治療効果が得られるのであろう。

治療に際して何より重要なのは、治療者・援助者の患者と向き合うスタンスである。患者に陰性感情・忌避感情を持たず、共感と受容に基づいて適切な方向へと「寄り添う」ことが重要である。さまざまな心理社会的治療は、その手段である。技法のみに流されては有効な治療にはならない。

6　薬物依存症からの回復とは

依存症の治療・回復支援は、「当事者中心」でなければならない。当事者を離れた治療・回復支援は、当事者を傷つけ回復とは反対の方向に押しやってしまう。治療者・支援者と当事者が対等の立場で、お互いを尊重でき信頼できることが回復を生み出す。

信頼関係のないまま患者を変えようとすることは、それが善意からであっても、患者の「コントロール」であり「支配」である。患者は、傷ついた自尊感情を守ろうと必死に抵抗するであろう。逆に、信頼関係を築くことができれば、患者は治療者・支援者が期待していることを察知し、その方向に変わろうとし始める。

治療者・支援者は患者に対して、断酒や断薬を強要してはいけない。強要は禁忌である。そして、再飲酒・再使用を責めてはいけない。再飲酒・再使用は、責められるべき「悪」ではなく、改善を共に目指す「症状」である。この当たり前のことが、依存症の治療に当たる治療者・支援者に必ずしも共有されていないことに問題がある。

依存症は健康な「ひと」の中でこそ回復する。「健康な治療者・支援者」とは、患者に対して陰性感情を持たずに敬意と親しみをもてるひとである。患者に共感できるひとである。治療者・支援者が回復に立ち会える時、自身も心から癒される。信頼関係が築けた時、お互いが癒されお互いが温かい気持ちになれる。信頼関係とは「双方向性」のものだからである。依存症者は、本物の癒しや幸せを望みながら、その方法を身につけることができず、「仮初めの癒し」にのめり込んだ結果、依存症になった人たちである。患者の求めているのは「本物の癒し」ではないだろうか。その手助けをできるのは、薬でも技法でもなく健康な「ひと」である。

7　ダルクが示していること

ダルクは、1985年に始まる薬物依存症者を対象とした民間リハビリテーション施設である。NAの12ステップが提案する方法に沿って、薬物を使わずに生きる方法を身につけることを目指す。国や自治体、医療機関が一向に薬物依存症者の支援に動かない状況で、薬物依存症者自らが回復する場として誕生した。現在、全国に約80か所の施設があり、約850名の利用者がある。

ダルクは組織化されていないことが特徴であり、各施設は独立した運営をしている。たとえていえば、それぞれのダルクは「個人商店」のようなものである。ダルクで回復プログラムを受けて回復した者が、ダルクを立ち上げている。だから、ダルクを運営する施設長は薬物依存症者本人であり回復のモデルでもある。スタッフもほとんどが薬物依存症者である。回復者の経験が新たに回復を目指すメンバーへと引き継がれていく。

このようにダルクが全国に広がった背景には、薬物依存症の回復支援の必要性の高さと、地域での受け皿がダルクしかないという貧困な薬物行政がある。医療機関が未だに薬物依存症の診療を引き受けない状況で、ダルクはその主体性を保ち、医療の一部に組み込まれることなく発展してきた。そして、現在は社会における薬物依存症の回復支援の場として認知され、重要な役割をはたしている。

回復は医療機関の中ではみられない。社会の中で、ダルクの中で、回復は生まれている。薬物依存症者の総数からみれば、ダルクを利用して回復する者の数は限られているが、ダルクが社会へ発信している回復の希望は小さくはない。ダルクがあったからこそ薬物依存症の回復支援が維持され、回復という姿を社会に伝えることが可能になったと言えよう。

ダルクでは、助けられるだけではなく、自分も助ける側になることができる。援助される側にいる「障害者」から、自ら「支援者」としての役割を持つようになる。支援者の立場になったとき、自らの失敗の連続であった過去の経験が意味を成してくる。薬物依存症に罹患して多くの大切なものを失った状態から、回復を信じられるまでになった自分を、肯定的に受け入れられるようになる。このことが、彼らの自尊心・自己効力感を育てる。こうして生きていく自分の価値を信じられ希望が生まれるのであろう。

ダルクには、同じ依存症者だからこそ共感できる強みがある。「誰が」治療を行うかが、「どんな」治療を行うかより重要であることは、先に述べた。「共感性の高い」「偏見や陰性感情から解放された」治療者・支援者が、適切な治療を行えば、必ず回復は見えてくる。ダルクでの回復支援が、これを証明している。

ダルクスタッフやメンバーが、依存症である自分のことを理解してくれる人たちであると信じられれば、「仲間」と思えるようになる。そして、仲間と関わり続けられると「居場所」ができるようになる。つまり、「安心できる仲間」と「安全な居場所」があって人は回復する。ダルクはこれを実践する場である。ここにダルクの存在意義があると言えよう。

ただし、患者に対して、ダルクに行くように促せば行くというものではない。彼らが、素面で集団の中に留まることは容易ではない。ミーティングで自分のことを話すことに強い抵抗・拒否感がある。多くは、ダルクは「自分には合わない」「行かなくても大丈夫」「まだあそこへ行くほどひどくはない」などと訴え拒否する。これまでは、引き受ける家族がないか、あっても受け入れを拒否された依存症者が、仕方なく入所することが常であった。断薬の動機も低いまま、行き場がないためにやむを得ず入所する例が多かった。さらには、若くから薬物使用してきたため、当たり前の社会性、生活能力を身につけておらず、適切な支援を受ける機会もないまま、生きにくさを抱えてきた例がほとんどであった。

このような重症例・回復困難例がダルクを転々としながらも、回復するということは「奇跡」と言ってもいい。回復していく例もあれば、一方で服役を繰り返したり、慢性精神病となって精神科病院への入院を繰り返したり、自殺や事故により命を落としたりする例もある。だからこそ、回復したときの喜びは大きい。回復者には、かならず共感できる「仲間」がある。人は一人では回復できない。生きていけない。ダルクはこの事実を証明していると言えよう。

8　ダルクの役割と課題

（1）ダルクの優れたところと問題点

ダルクの優れたところについて挙げると、次のとおりである。

1. 利用者を拒まず受け入れる。
2. スタッフの回復の経験を生かした密接な援助ができる。
3. スタッフは利用者に偏見や陰性感情を持ちにくく共感しやすい。
4. 何度失敗しても回復のチャンスを提供できる。
5. スタッフによって「回復のモデル」を提示できる。
6. ネットワークによる「転地療法」が可能である。
7. 強要せず提案する。
8. 失敗を責めない。
9. 薬物をやめられないことを責めない。
10. 回復した者が、これから回復しようとする者を支援する側になれる。

何より、ダルクでは「失敗が許される場」であることが重要である。失敗が排斥の理由にならず、回復を望む者を見捨てることはない。むしろ、失敗を繰り返す者に対して手厚く支援する。医療ではこのようにはいかない。「失敗が許されない場」「管理される場」で回復を目指すことは難しい。

薬物依存症者は、その病気の性質上、失敗を繰り返す。失敗を繰り返す中で回復が見えてくるものである。失敗は自身を責めることになり、苦しくなる。苦しさに対処する唯一の方法が薬物使用である多くの依存症者は、再び薬物使用に向かう。「この世に失敗というものはない」「助けを求めてきたものは断らずに受け入れる」「回復を望んできた者は仲間である」「失敗に寄り添う」という哲学がダルクの根底に流れている。

一方で、ダルクの問題点については、以下のようなことが指摘されている。

1. 運営についての財政的な問題
2. 運営についての倫理的な問題
3. 公的な補助金制度の利用の問題
4. スタッフの人材難の問題
5. スタッフの研修と資格制度の問題
6. スタッフの燃え尽きの問題
7. スタッフの雇用の問題
8. プログラム修了後の社会復帰の問題
9. 精神疾患合併例の対応の問題
10. 処方薬服用者の問題

現在もこのような問題を抱えており、ダルクへの財政的・人的支援が欠かせない状況である。公的財政支援を受けた際の会計処理や書類作成等の業務が大きな負担となっている。

(2) ダルクのこれから

２０１５年、ダルクが誕生して30年を迎えた。数人の「ヤク中」が古い一軒家で共同生活を始めた当時からすると、その発展はまさに優良企業である。ただし、ダルクは組織化を否定している。あくまで独立した「個人商店」が緩いつながりをもって独自に活動している。その意味では各施設は自立しており、施設長の考えが反映される。同じ薬物依存症でありダルクで回復した「同窓生」が、全国に散らばり、新たに回復を求める薬物依存症者の手助けをしている。

先に述べたように、ダルクを開くのに一定の評価基準があるわけではない。原則として、ダルクプログラムで回復した者であれば、施設を開くことは可能である。各ダルクが開催するフォーラムやセミナーを通してスタッフ間の交流はあるものの、個々のダルクの活動の実態は、必ずしも他のダルク関係者に把握されているとは限らない。各施設を監視・コントロールする体制はない。運営の財政的問題、倫理的問題を抱えている施設もあるだろう。ダルクは、30年の間に施設の数が増え、社会に存在と必要性が認知され、公的な支援を受ける施設も増え、薬物依存症者の社会での回復支援の受け皿として認められるようになった。それと共に、社会的責任と期待も大きくなっている。

一方で、薬物依存症者自身にも変化が起きている。「暴力団関係者で強面の覚せい剤依存症者」というかつての典型例から、多様性が顕著となっており、使用薬物もまちまちである。合併する精神疾患によりミーティングが適さない例もある。ダルクの活動当初から回復支援に関わっている施設長たちは、昔のやり方や経験が通用しなくなっていることを自覚している。患者の多様性に合わせて支援も多様化せざるを得なくなっている。実際、患者の多様性に対応したプログラムの実施や別組織の立ち上げを行っているダルクもある。

このような状況で、ダルクはこれからどこへ向かうのであろうか。刑の一部執行猶予制度とどのように関わっていくのかも課題である。その対応は一律ではない。また、薬物依存症のみではなく、アルコール依存症、ギャンブル依存症を対象とする施設も増えている。この「何でもあり」がダルクらしさでもあるのだが、どこまでがダルクで、どこからがダルクでないのかが、見えにくくなっている。「管理」とは相いれないのがダルクである。それが強みでもあり弱みでもある。どこかのダルクが何らかの問題を起こした場合、社会は全てのダルクの問題とみるであろう。「個人商店」の問題とは捉えられず、ダルク全体に批判は広がることは明らかである。しかし、ダルクのポリシーとして、ダメなところを批判したり排除したりすることは馴染まない。これは薬物依存症者の対応と同じである。そうはいっても堅実に活動している施設は、不安を隠さない。ダルクは今、そんなジレンマを抱えている。

ダルクのこれまでの活動は、他に類を見ない貴重なものである。そして、社会の底辺にあった薬物依存症者に希望と生きる力を与え、回復を支援してきた。その実績と経験は十分尊重されるべきものである。今後、ダルクへの期待はこれまで以上に大きくなっていくであろう。

9　これからの回復支援

（1）これからのダルクに望むこと

「ダメ。ゼッタイ。」「不寛容・厳罰主義」の対極にあるのがダルクである。「ハームリダクション」「人道主義」に近い。わが国が徹底して前者を推し進めてきた中で、ひとり後者を選択し、潰れず潰されず生き延びてきた。

ダルクやダルク的なものが社会に受け入れられるとき、わが国の「ダメ。ゼッタイ。」「不寛容・厳罰主義」から、人の生きる権利を尊重した回復支援が広がるであろう。ダルクを認められるか受け入れられるか、薬物使用・再使用を認められるか受け入れられるか、その人らしさを、その人の人生を認められるか受け入れられるか、日本という国の「ひと」に対する考えの根本に関わる大きな課題である。

成熟した社会とは、問題のない社会ではなく、人が生きていくうえでさまざまな問題があってもそれを支援し解決していく社会である。これまでのダルクの活動が私たちに大切なことを教えてくれている。ダルクが孤軍奮闘してきた価値がここにある。

ダルクは薬物依存症者ひとりひとりの支援から離れない。助けを求めてきたものに対して排除はしない。そして、薬物依存症者を無理に変えようとはしない。強要するのではなく寄り添う姿勢を基本とする。生半可な思い込みからの支援ではなく、経験に基づいた支援である。当事者を離れた支援は、適切な支援にはならない。「当事者中心」の支援が求められる。

困っている人、病気の重い人、ルールを守れない人、孤独な人、嫌われる人、仲間はずれにあった人、人を信じられなくなった人、支援を受けられない人、希望のない人にこそ支援を。これは当たり前のことである。

これからのダルクに望むことは、これまでの一貫したポリシーを受け継いでいくことである。ダルクの形が変わったとしても、その基本にある考えは変わることはないであろう。そのうえで、薬物依存症者の多様性に対処していく必要がある。10年前、20年前、30年前の薬物依存症者は明らかに変化してきている。目の前にいる薬物依存症者のニーズに合わせた適切な支援を提供する必要がある。しかし、ダルクのこれまで培った信念であり哲学である大切なものは、時代が変わっても受け継がれていくことを期待する。なぜなら、このダルクの考えと実践は、薬物依存症者の回復に限らず、すべての治療者・支援者にとって重要なことを提示しているからである。

公的機関との距離感も重要である。公的機関の「硬さ」はダルクとは馴染まない。ダルクは公的機関に取り込まれてはならない。独立性、自立性を守る必要がある。連携はあっても飲み込まれてはならない。公的機関に迎合することは危険である。ダルクがダルクでなくなる危険があるからである。

ダルクのもう一つの重要な役割は、「回復支援で人は変われる」というモデルの提示と啓発である。このことを日々実践していくことが何よりの説得力になる。「助けを求めてきた人は受け入れる」というポリシーと共に、この役割がダルクの命綱となっている。

（2）これからの回復支援

私は、薬物依存症者に対して、特殊な医療機関で、特殊なプログラムを使い、特殊な治療を提供するという考えが、逆に薬物依存症の治療・回復支援を遅らせていたのではないかと思っている。

他の精神疾患同様に、当たり前に精神医療や支援を受けられるようになることが大切である。精神医療から「特殊性」が排除されていくことが望ましいのかもしれない。治療技法、工夫、プログラムはそれぞれの薬物依存症者の特性に合った個別のオーダーメイドの支援を提供する。ただし、支援のポリシーは同じものである。「当事者中心」「ひと中心」のポリシーを離れた支援はやはりおかしい。最も支援から遠い薬物依存症者の実情が、この事実を最も見えやすくしていると言えよう。

ダルクの活動は、不寛容・厳罰主義一辺倒のわが国において、エビデンスに基づいた「正当な」治療的対応・支援を一貫して行ってきたと言えよう。そして、世界で広く受け入れられているハームリダクションの考え方そのものでもある。それが自然に行われてきたことは驚嘆に値する。ダルクから回復した多くの人々と共に、亡くなった多くの人々が、薬物依存症という病気からの回復の素晴らしさと厳しさを、身をもって示している。

ダルクは回復の希望である。治療者・支援者は回復を身近に感じ信じ続けることが必要である。ダルクに行けば回復がある。人がつながることの大切さ、人を信じられることの幸せがある。

おわりに

どんな薬物依存症者にも薬物使用に対する問題意識はある。彼らがそれを認めて変わろうとするためには、批判的対立的ではない温かい支援が必要である。回復の成否は治療者・支援者のスタンスによる部分が大きい。このことを念頭に置いた対応が求められる。治療者の「技術・テクニック」より「共感性」が重要である。

薬物依存症者の対応を困難にしている最大の原因は、治療者・支援者の依存症者に対する陰性感情・忌避感情である。治療・支援する者がこの感情から解放され彼らと向き合えた時に有効な支援が始まる。薬物依存症者は、理解ある援助を求めている。依存症の治療・支援は決して特殊なものではないことを強調したい。患者もその家族も、拠り所となる「ひと」を求めている。彼らは決して、特別な人たちではない。

人を信じられるようになると、人に癒やされるようになる。
人に癒やされるようになると、薬物に酔う必要はなくなる。
依存症は人間関係の病気である。
回復とは信頼関係を築いていくことに他ならない。

ダルクはこのことを実践してきた。
薬物を使っているかどうかは問題ではない。
薬物依存症者が生きにくさから如何に解放されるかが重要である。
生きることが重要である。
ダルクは命をつないできた。
彼らの回復の陰で、多くの亡くなっていった仲間がある。
回復者は常に亡くなっていった仲間とともにある。
犠牲になった仲間を語る彼らの言葉はいつも優しい。
そして、回復か死かのぎりぎりの状況で生き延びてきた彼らの言葉は重い。
薬物依存症の支援は、「人」への支援であることを忘れてはならない。

ダルクには本物の回復がある。
ダルクの実践から学ぶことはまだまだ多い。

わが国の薬物依存症者が、回復を望んだときに、あたりまえに治療を受けられる日が来ることを切望します。

おわりに

ここに全ての原稿が揃った。読者はどう感じただろうか。冒頭にも書いたとおり、私たちは何年もの間、この八重洲倶楽部の集まりを通じて様々な議論をしてきた。それは、ダルクそのものの目的からスタッフの倫理、運営に至るまで、幅広いものであった。メンバーの誰もが真摯に自分と仲間と向き合った。それぞれの地域で活動を続けてきたダルクの代表者たちである。みんなそれなりの経験がある。それぞれの文章からは、回復支援における基本理念、有効と思われるノウハウ、そして何より、ダルクを思う気持ちが溢れていると思う。本書の最後として、これからのより良き回復支援を祈念して、これらをまとめてみたい。

ダルクの哲学・実践・連携　～私たちが大切だと思うこと～

何よりも、まず生きていること。薬物をやめさせることがダルクの目的ではない。私たちの言う「回復」とは、単に薬物使用の中断にとどまらず、もっと全人的なもの、生活全般にかかるものである。依存症対策など、国や専門家が掲げる方向性がどのようなものであろうとも、私たちはまず、人として、仲間の味方でいなければならない。

当事者性は、ダルクの活動において長らくキーワードとなるものであった。当事者であることは、共感や寛容さとして表現されるダルクの関係性の大切な部分である。だが、当事者であること＝支援者ではない。今日、回復施設職員に求められるものは何か。それは自分と他人を切り分ける視点、客観性のことである。一人ひとりのニーズを捉えること。これがないと、支援する人の価値観の押し付けにもなりかねず、回復の多様性が担保されない。

また、回復とは主体的なものであり、その人自身が回復のストーリーを紡いでいくものである。自分なりのオリジナリティ、エッセンスを発信し続けることが大切である。それは、ダルクも同様である。ダルクは、出来上がったものではなく、常に創り続けられていくものでないと、創設者のカラーに偏ってしまったり、制度など既存のあり方に取り込まれ、回復の自律性や創造性が失われてしまう。そういった意味では、「ダルク」とは、特定の組織の名称というより、カテゴリーを表す単語とも言える。薬物問題を解決した当事者が、まだ苦しんでいる当事者の回復に手を差し伸べる。人々や社会は、それを「ダルク」と呼ぶのだろう。

ダルクでは、回復におけるニーズに柔軟に対応することで新しい支援のあり方が生まれ続ける。これがプログラムと呼ばれ、各ダルクが創意工夫しながら実践している。仲間との関わりの中で、今後の支援に役立つアセスメントが日々行われているのである。そして、回復支援施設においては、支援を受ける側がプログラムをチョイスできることが大切だ。利用者ファースト。あらゆる支援はそれを受ける人自身が選択できなければならない。回復のあり方には多様性が保証されるべきである。実際、ダルクは薬物問題だけを取り扱っているわけではない。重複障害を抱える人もたくさんいる。関わる人一人ひとりのニーズを捉え、その人の最善を探すのもダルクスタッフとしての誠実な対応である。関係機関との連携においても同様である。治療や回復支援に関わる機関は、もっとその選択肢が増えるべきである。そして、国や行政はもっとダルクの声（意見）に耳を傾けてほしい。私たちは、うまくいった経験（グッド・プラクティス）を政言提言などの形で社会に還元していくべきである。

そして最後に、やはりダルクは適切な運営モラルを持つべきである。持続可能な組織であるためには、健全な運営が必要不可欠である。

これが、私たちが導き出した今日現在の思い（理念）である。これらは、決して誰かを批判したり、誰かに強制するものではない。私たちがそれぞれの実践の中から感じ取ってきた「大切だと思うこと」である。そして、ここを基点に、今日からまた実践の積み重ねが続く。そして、時代の移り変わりの中でそれぞれが考え、議論し、分かち合っていくだろう。本書は、そんな「これからの回復支援」に少しでも役立てばと思う。本書を締め括るにあたり、執筆者どうしでダルクとダルクスタッフとは何かを議論した。

ダルクは、アディクトの「生きる」を支援する。

私たちは、援助者ではなく、支援者である。

近藤 恒夫（コンドウ　ツネオ）　日本ダルク代表、NPO法人アパリ理事長
1941年、秋田県生まれ。1972年から覚せい剤に溺れ、1978年、精神病院に入院、1980年、覚せい剤取締法違反で逮捕され、札幌地裁で有罪判決を受ける。1985年、薬物依存者のための日本初の民間リハビリセンター「ダルク」を創設。薬物依存者の社会復帰を応援する一方、啓蒙活動を続けてきた。行政、法律家、医療者、研究者などとの連携活動も行っている。アジア太平洋地域の国々の依存症問題に取り組むNPO法人「アパリ」も創設している。1995年、東京弁護士会人権賞受賞、2001年、吉川英治文化賞受賞、2013年、作田明賞最優秀賞受賞。

成瀬 暢也（ナルセ　ノブヤ）
埼玉県立精神医療センター副院長・埼玉ダルク理事
1986年3月、順天堂大学医学部卒業。同年4月、同大学精神神経科入局。1990年4月、埼玉県立精神保健総合センター開設と同時に勤務。1995年4月、同センター依存症病棟に配属。2008年10月より、埼玉県立精神医療センター副病院長（兼・埼玉県立精神保健福祉センター副センター長）。専門分野：薬物依存症・アルコール依存症、中毒性精神病の臨床。日本アルコール関連問題学会理事。日本精神科救急学会評議員。日本アルコール・アディクション医学会評議員。関東甲信越アルコール関連問題学会理事。厚生労働省指定薬物部会委員。厚生労働省依存性薬物検討会委員。
主な著書：『薬物依存症の回復支援ハンドブック』金剛出版、『誰にでもできる薬物依存症の診かた』中外医学社、『アルコール依存症治療革命』中外医学社、『依存と嗜癖』医学書院（共著）、『危険ドラッグ対応ハンドブック』日本精神科救急学会（編集・共著）

山本 大（ヤマモト　マサル）　**NPO法人アパリ・藤岡ダルク代表**
藤岡ダルクでのプログラム・コーディネイト、家族相談、講演活動、刑務所での薬物離脱指導、こころの健康センター、保護観察所でのプログラム指導のほか、アパリにて2009年から2012年までJICAの草の根技術協力事業として、フィリピンの貧困層の薬物依存症者への支援に従事。2005年より韓国に足を運び、ソウルダルクの立ち上げに携わり、現・顧問。2018年、一般社団法人AREA設立、代表理事。

栗坪 千明（クリツボ　チアキ）　**栃木ダルク代表**
1968年、宇都宮市に生まれる。2003年に栃木ダルクを設立。アメリカなどの治療共同体で研修し、階層式のプログラムを実施。現在は、栃木ダルク5施設を運営。施設での家族相談、家族教室開催、リハビリプログラムの開発、保護観察所・刑務所プログラム実施、団体などに向けた講演などで活動している。

佐々木 広（ササキ　ヒロシ）　**山梨ダルク代表**
1968年、岩手県生まれ。元 学習教材の制作・販売会社経営。2004年、薬物依存症治療のため、仙台ダルクに入所。その後、ダルク創設者である近藤恒夫（日本ダルク代表）のもと、日本ダルクスタッフを経て、2008年2月1日、山梨県甲府市伊勢にて山梨ダルクを開設。2008年10月、洗礼を受け、クリスチャンとなる。ダルクに助けられた一人の薬物依存症者である。

森 亨（モリ　トオル）　**北海道ダルク代表**
1997年、覚せい剤使用で函館刑務所に服役。出所後群馬県のアパリ藤岡に入寮し、2001年からの日本ダルク職員を経て、2004年、北海道ダルク開設。

白川 雄一郎（シラカワ ユウイチロウ）　**千葉ダルク代表**
1960年、神奈川県生まれ。早稲田大学社会科学部卒。中学2年時のシンナー、大学在学中の大麻経験を経て、社会人一年目に覚せい剤に出会いトリコになる。某大手損保会社・アパレルメーカーの営業、学習塾等で勤務しながら約17年間使い続けるが、40歳を目前にギブアップ。沖縄ダルクに入寮後、スタッフとして勤務。その後、鹿島ダルクで施設長研修を経て2003年9月、千葉ダルク施設長に就任。2008年4月から2013年3月まで、東京都立多摩総合精神保健福祉センターに非常勤職員として勤務。2008年より下総精神医療センター研究補助員として条件反射制御法に関わる。2014年5月より千葉県精神保健福祉センターに非常勤職員、相談員として勤務し現在に至る。

【執筆者略歴】（執筆順）

中川 賀雅（ナカガワ　ヨシマサ）　長崎ダルク代表
福岡県久留米市生まれ。1999年、長崎ダルク開設。2016年、ギャンブル依存症回復施設 グラフ・ながさき開設。

加藤 武士（カトウ　タケシ）　木津川ダルク代表
京都市生まれ。2003年に京都ダルク開設、2013年に木津川ダルク開設。AIDS文化フォーラムin京都幹事。リカバリー・パレード関西実行委員会委員長。相楽保護区保護司。龍谷大学アディクション・トランス・アドボカシー・ネットワーク研究所招聘研究員。

市川 岳仁（イチカワ　タケヒト）　三重ダルク代表（本書編集責任者）
名古屋市生まれ。1999年、三重ダルク開設。龍谷大学大学院法学研究科修士課程修了、修士（法学）。現在、立命館大学大学院人間科学研究科博士後期課程在籍中。三重ダルクの活動の傍ら、三重県地域生活定着支援センター相談支援員（～2013）、三重県津保護区保護司（2015～）、京都精華大学非常勤講師（司法福祉論、2019 ～）を歴任。精神保健福祉士。

幸田 実（コウダ　ミノル）　東京ダルク代表
東京生まれ。1994年、沖縄ダルク職員。1994年、東京ダルク職員。2001年、ダルクホーム施設長を経て、現在に至る。

飯室 勉（イイムロ　ツトム）　仙台ダルク代表
1963年、横浜市生まれ。14年間薬物を使用し続け生きることも死ぬこともできなくなっていた時、ダルクプログラムに出会う。1998年、仙台ダルク代表就任。宮城県薬物乱用防止推進会議委員。宮城県薬物・アルコール相談指導員（塩竈保健所・非常勤）。東北文化学園大学・青葉学院短期大学ほか非常勤講師。

【編者紹介】

ダルク

ダルクは1985年、東京で始まった薬物依存者自身による回復のムーヴメントである。国や専門家が主導し回復支援の諸施設を整備してきた欧米と異なり、既存の制度や専門性に縛られない独自の発展を遂げてきたが、近年は公的資金を受けて運営するダルクも増えており、同時に新たな課題も生まれてきている。創始者は近藤恒夫。各ダルクは独立しており、本部・支部関係になく、現在、全国で80か所以上の活動がそれぞれに展開されている。精神科医などの専門家からは「治療共同体」と呼ばれることもある。

ダルク　回復する依存者たち
——その実践と多様な回復支援

2018年6月9日　初版第1刷発行
2020年1月31日　初版第4刷発行

編　者　ダルク
（編集責任者：市川岳仁）
発行者　大　江　道　雅
発行所　株式会社 明石書店

〒101-0021 東京都千代田区外神田6-9-5
電話　03（5818）1171
FAX　03（5818）1174
振替　00100-7-24505
http://www.akashi.co.jp

組版　朝日メディアインターナショナル株式会社
装幀　明石書店デザイン室
印刷／製本　モリモト印刷株式会社

（定価はカバーに表示してあります）　ISBN978-4-7503-4688-5